AF474582

Plus nous avons horreur de la guerre, plus nous devons travailler passionnément à en empêcher le retour, plus nous devons souhaiter vouloir que la paix nous apporte, avec la restitution totale de nos provinces envahies, — envahies depuis hier ou envahies depuis quarante-six ans, — la réparation des droits violés aux dépens de la France ou de ses alliés et les garanties nécessaires à la sauvegarde définitive de notre indépendance nationale.

(*Discours de M. Poincaré, Président de la République, 14 juillet 1916*).

La Ligue des Patriotes

Son Programme — Son Passé — Son Avenir

par

M. le Bâtonnier CHENU

Avec une Préface de

MAURICE BARRÈS

DE L'ACADÉMIE FRANÇAISE

et des Extraits de discours de Paul DÉROULÈDE

LIBRAIRIE
DE LA SOCIÉTÉ DU
RECUEIL SIREY
Anc^{ne} M^{on} LAROSE ET FORCEL
LÉON TENIN, Directeur
22, rue Soufflot, PARIS, 5e

1916

La

Ligue des Patriotes

Son Programme

Son Passé — Son Avenir

IMPRIMERIE
CONTANT-LAGUERRE
LUX VITAM
BAR-LE-DUC

Photo GERSCHEL

Petite Bibliothèque de la Ligue des Patriotes

Plus nous avons horreur de la guerre, plus nous devons travailler passionnément à en empêcher le retour, plus nous devons souhaiter vouloir que la paix nous apporte, avec la restitution totale de nos provinces envahies, — envahies depuis hier ou envahies depuis quarante-six ans, — la réparation des droits violés aux dépens de la France ou de ses alliés et les garanties nécessaires à la sauvegarde définitive de notre indépendance nationale.

(Discours de M. Poincaré, Président de la République, 11 juillet 1916).

La Ligue des Patriotes

Son Programme — Son Passé — Son Avenir

par

M. le Bâtonnier CHENU

Avec une Préface de

MAURICE BARRÈS
DE L'ACADÉMIE FRANÇAISE

et des Extraits de discours de Paul DÉROULÈDE

LIBRAIRIE
DE LA SOCIÉTÉ DU
RECUEIL SIREY
Ancne Mson LAROSE ET FORCEL
LÉON TENIN, Directeur
22, rue Soufflot, PARIS, 5e

1916

PRÉFACE

La Ligue des Patriotes juge utile de commencer une série de publications.

On y trouvera les conférences auxquelles en hiver nous convions nos amis, et d'autres études également d'utilité nationale.

Cette collection ne pouvait s'ouvrir que par un exposé du programme de la Ligue. C'est le bâtonnier Chenu qui nous a fait l'honneur d'accepter de l'écrire. Il nous montre les buts que nous devrons poursuivre en commun. Dans une soirée mémorable, il y a quelques mois, le bâtonnier Chenu nous a invités à regarder de près dans nos affaires publiques et dans le passé de la Ligue; ce grand et courageux orateur nous a fait voir que beaucoup d'idées que Paul Deroulède n'avait pas pu faire accepter continuaient d'être vraies et nécessaires. Demain, comme hier, nous aurons besoin d'un groupement qui mette à la portée du public des faits et des documents certains d'in-

térêt national et qui nous apprenne à les propager et à en tirer des conclusions.

Il s'agit de répandre des idées précises et concrètes et de les faire partager à des millions de personnes; nous devons obtenir que chacun de nos adhérents songe perpétuellement au but commun, y fasse servir ses capacités, son industrie, sa situation sociale et ses relations, informe le siège central des résultats acquis et en reçoive des impulsions et des encouragements.

C'est grâce à une organisation bien montée que nous trouvons aujourd'hui des Allemands dans tous les pays et dans toutes les branches de l'activité humaine, travaillant tous pour l'expansion allemande, chacun dans la mesure de ses forces.

Ce qu'ils ont fait pour l'idée de domination universelle et d'asservissement du genre humain, pourquoi ne pas le faire pour le bien-être et la gloire de notre patrie, et pour les idées françaises, c'est-à-dire pour le droit et pour la justice, pour la pitié envers les faibles, — je voudrais pouvoir dire aussi pour la liberté : comme nous avons les Anglais avec nous, le mot ne serait pas trop déplacé. Notre alliance avec l'Angleterre va nous donner, je crois, le goût et le respect des libertés publiques.

La Ligue fut un grand instrument national et l'histoire reconnaitra le noble service qu'elle rendit à l'Alsace, à la Lorraine, c'est-à-dire à la

France intégrale. La Ligue doit encore servir. Le bâtonnier Chenu l'a dit. A quoi doit-elle immédiatement s'employer?

Les publications qui vont suivre la conférence Chenu sont destinées à répandre dans le public certaines idées très simples, très claires, une par brochure, pas plus. La nécessité d'une paix complète et décisive doit être la première de toutes.

Il s'agit de mettre l'Allemagne hors d'état de nuire. Il ne faut pas que par lassitude, ou par une fausse conception d'équité ou de désintéressement, l'esprit public s'accoutume à une solution bâtarde qui serait un suicide. Il s'agit de conquérir la paix. Pour avoir la paix qui garantira l'avenir, il faut que la rive gauche du Rhin soit soustraite à la souveraineté allemande.

Au terme de cette guerre la France exige des réparations, des restitutions, des garanties.

Réparation pour les crimes dont nous fûmes victimes et pour les dommages que nous avons subis.

Restitution du territoire d'Alsace et de Lorraine dont Sarrelouis faisait partie en 1789.

Garanties contre le retour d'une si effroyable agression.

Quelles garanties?

On ne les trouvera nulle part plus sûres, au point de vue des finances publiques et militairement parlant, que sur la rive gauche du Rhin.

Tandis que les uns parlent d'annexion, les autres parlent d'occupation. Il y a de bons arguments à faire valoir en faveur de l'un et de l'autre système. Le seul point où l'on voie intraitables tous ceux qui connaissent la nécessité que la France soit indemnisée et prémunie contre une nouvelle attaque, c'est que nous devons avoir des gages et occuper des positions tant que nous ne serons pas assurés que les peuples allemands ont renoncé à leur odieux esprit de proie.

Pour l'instant, que l'on s'y prenne par une annexion pure et simple, ou bien, ce qui est à examiner, par une occupation qui dans la suite pourrait donner lieu à de nouvelles ententes, il est indispensable à notre sécurité militaire et au règlement des indemnités de guerre, que nous tenions (d'accord avec la Belgique) la frontière du Rhin et des têtes de pont sur la rive droite.

Chacune des brochures en donnera une raison séparée : tradition historique; nécessité géographique; besoin économique impérieux; mesure indispensable de sécurité militaire; exigences de l'équilibre européen, etc.

L'abbé Wetterlé, qui est l'homme de France connaissant le mieux le Reichstag et le personnel politique allemand, nous dira comment l'Allemagne voulait nous écraser et quelles précautions il nous faut prendre pour qu'elle ne renouvelle pas avec plus de succès son essai.

Engerand, qui a mené au nom de la Ligue une campagne utile et retentissante sur le bassin de la Sarre, va regrouper ses orguments dans une brochure de propagande.

Il s'agit d'assembler des renseignements positifs, propres à préciser et diriger le jugement du lecteur. Nous ne poursuivons pas une œuvre de parti. Nous ne sommes pas un parti. Il s'agit que chacun de nous prenne une opinion autorisée sur des questions que la France ne peut pas éviter.

Les idées sont des forces; elles construisent ou ruinent les pays. Occupons-nous d'abord à établir et à répandre des vues justes sur « les garanties nécessaires à la sauvegarde définitive de notre indépendance nationale ».

Maurice BARRÈS.

Photo HENRI MANUEL

CONFÉRENCE

DE

M. le Bâtonnier CHENU (1)

MESDAMES, MESSIEURS,

Aussitôt après avoir accepté l'invitation et l'honneur de prendre la parole devant vous, j'ai senti toute la témérité de mon entreprise. Je la sens mieux encore en ce moment. Il me suffit, en effet, de parcourir du regard cette assemblée pour me rendre compte qu'entre toutes les personnes qui s'y trouvent réunies, je suis un des moins qualifiés pour parler au nom de la Ligue des Patriotes.

Comment, en effet, est-ce à moi, nouveau venu, de parler au nom de la Ligue, quand je vois à mes côtés les ouvriers de la première heure, ces vétérans qui ont suivi la Ligue des Patriotes dans toutes ses évolutions: Galli, dont le dévouement et l'activité ont résisté à l'épreuve d'une grande douleur, (*Applaudissements*) Gauthier de Clagny, Le Menuet, Foursin, Rolland, Goupil, Dumonteil et tant d'autres?

(1) Cette conférence a été faite à la Ligue des Patriotes le 11 avril 1916.

Si je veux citer un exemple de la vaillance et de la fougue que l'esprit de la Ligue est capable d'insuffler à ses membres, c'est encore un vétéran qui me le fournit : c'est mon vieil ami Marcel Habert (*Applaudissements*) que je retrouve à l'honneur après que je l'ai assisté dans la peine, (*Applaudissements*) sur la poitrine de qui a été épinglée, il y a quelques jours, la croix de la Légion d'honneur, (*Applaudissements*) mais la croix gagnée comme nous aimons qu'elle le soit, (*Applaudissements*) non pas dans les antichambres du pouvoir, mais, si j'ose le dire, dans le vestibule de la mort et au service de la Patrie. (*Applaudissements.*)

Écoutez pour quel motif fut décoré Marcel Habert. C'est un hommage public que nous lui devons bien.

Marcel Habert, lieutenant de réserve au 171e régiment d'infanterie. Officier ardent, homme de cœur, animé du plus pur patriotisme. A partout fait preuve des plus belles qualités militaires. A pris part particulièrement à de nombreux combats. A l'attaque du 25 octobre 1915, a porté le drapeau du régiment courageusement dans la dernière des tranchées conquises et l'y a maintenu pendant quatre jours consécutifs sous un violent bombardement d'artillerie.

Croix de guerre avec palme.

Au grand Quartier général, le 6 mars 1916.

Le Général commandant en chef,

Signé : JOFFRE.

Et après ce rapide et circulaire salut aux vétérans, est-ce bien à moi qu'il appartient de saluer les nouvelles recrues, qui sachant ce que la Ligue des Patriotes peut rendre de services par son organisation, ont apporté en si grand nombre, pendant le cours de ces dernières semaines, leurs adhésions? La Ligue a fêté leur bienvenue en s'honorant elle-même et en inscrivant parmi ses vice-présidents un nom qui est comme une parure pour tous les patriotes, un nom qui depuis plusieurs générations fait partie du patrimoine national, qui appartient à la Ligue, et que porte avec honneur le digne héritier d'une lignée glorieuse : M. Ernest Carnot. (*Applaudissements.*)

Voilà votre état-major, Messieurs, et voici votre chef :

Maurice Barrès décourage l'éloge et les remerciements, parce qu'il les dépasse. (*Applaudissements.*) La France, pour assurer après l'épreuve de tant de larmes et de sang versé la victoire réparatrice, avait besoin et a besoin de deux armées. A l'avant, pour conduire nos enfants au feu, pour opposer à la ruée allemande l'infranchissable rempart des poitrines françaises, nous avons Joffre, nous avons Castelnau, nous avons Pétain, nous sommes tranquilles. (*Applaudissements.*) A l'arrière, pour secourir nos blessés, pour rendre à la vie nationale et pour rééduquer nos mutilés, pour nous donner chaque jour les raisons d'espoir confiant, et faire entendre les paroles qui unissent et fortifient, il nous fallait un chef. D'un accord et d'un consentement unanimes, nous l'avons choisi : Maurice Barrès. (*Applaudissements.*)

Toujours sur la brèche, prodigue d'initiatives généreuses, agent de liaison vigilant entre les aspirations et les besoins de nos troupes et les ressources de l'arrière, Maurice Barrès aura été et il restera le grand civil de la guerre. (*Applaudissements*). La Ligue des Patriotes peut être fière et sûre de son chef.

En ai-je fini avec cette énumération dont le but, vous l'avez bien compris, n'est pas une vaine distribution de louanges, mais de vous faire approuver l'éclat et la solidité de vos cadres? Il me reste un nom à appeler....

A cet instant, Mlle Jeanne Déroulède entre dans la salle. (*Applaudissements prolongés.*)

Vous me permettrez, pour l'arrivée de Mlle Déroulède et pour qu'elle me comprenne, de reprendre ma phrase.

Je parlais, Mademoiselle, de l'état-major et du président de la Ligue des Patriotes. J'avais rapidement passé cette revue, c'était la revue des vivants; et j'ajoutais qu'il me restait un nom à appeler, et que, si je l'avais négligé, j'aurais commis un oubli que je me serais reproché à l'égal d'un sacrilège. Pour me faire entendre, il faut élever mon regard et ma voix au-dessus de cette salle, au-dessus même de cette terre, mais alors il me semble que si j'y mets une suffisante ferveur, il n'est pas impossible que des profondeurs de l'au-delà une voix me réponde, que la voix de Paul Déroulède me réponde : Présent. (*Vifs applaudissements.*)

Et s'il en était ainsi, ce ne serait pas la première fois que, depuis sa mort, je reverrais Paul Déroulède. Je me souviens, c'était le jour des obsèques magnifiques que lui a faites le peuple de Paris. La cérémonie religieuse venait de se terminer dans le silence profond et le recueillement de toute l'assistance. Les vieux ligueurs étaient allés prendre le cercueil, traversaient l'église, descendaient les marches, déposaient le précieux fardeau sur le parvis, et, fut-ce hasard, fut-ce calcul, dans le prolongement immédiat de la statue de Jeanne d'Arc. Le ciel était clair, brillant et léger, un vrai ciel de France. La silhouette de l'héroïne s'y profilait dressée sur les étriers, l'épée à la main, et commandant : *En avant!* Et je crus voir alors..., que dis-je?... je vis s'entr'ouvrir lentement le cercueil, Déroulède se soulever, se redresser de toute sa haute taille, s'avancer jusqu'à hauteur du cheval de bronze et, écuyer fidèle, se placer aux côtés de la bonne Lorraine. (*Applaudissements.*)

Quel groupe! Jeanne d'Arc et Paul Déroulède se rejoignant, en dépit de la mort et à cinq siècles de distance! quel symbole de loyauté, de gloire et de force française! (*Applaudissements.*)

Ah! vous rappelez-vous, Messieurs, la belle et si juste image de Maurice Barrès nous parlant de cette mince cloison qui, dans les circonstances actuelles, sépare les vivants et les morts? Voulez-vous l'abattre ce soir, d'un coup d'épaule? Voici Déroulède! Desserrons les rangs, faisons-lui place. Je vous propose d'acclamer la présidence d'honneur de Paul Déroulède! (*Acclamations unanimes.*)

Avec ses cadres ainsi formés, la Ligue des Patriotes vous propose de vous mener au combat. Quel combat? C'est ici qu'il faut s'entendre et s'expliquer, et je le ferai, pour ma part, avec la franchise qui est dans mes habitudes et dont je me suis toujours bien trouvé.

Je sais que, par son nom même, la Ligue des Patriotes suscite certaines appréhensions, provoque certains scrupules. On a gardé le souvenir de ses manifestations les plus retentissantes, on se rappelle les discours enflammés de Paul Déroulède. Des noms sonores s'entrechoquent dans la mémoire : Manège Saint-Paul, Salle Wagram, Reuilly. On revoit l'agitation dans la rue, les collisions avec les agents, les horions échangés. Et alors, à ces souvenirs, certains se demandent si ce n'est pas à quelque nouvelle entreprise politique, à quelque coup de force peut-être, que la Ligue des Patriotes entend entraîner ses adhérents; ils hésitent. Je les rassure d'un mot : ils n'ont rien de semblable à craindre.

Entendons-nous encore davantage, ne dépassez pas ma pensée, ne me faites pas dire ce que je n'ai point dit, et ne supposez pas que je vais renier le passé de la Ligue. Ce serait une injure à faire à beaucoup de ceux qui m'écoutent et qui à ce passé sont restés fidèles, et ce serait un outrage immérité à la grande mémoire que j'ai tout à l'heure évoquée. Non, mais il y a temps pour tout.

Nous sommes en avril 1916; la guerre est là, la guerre avec ses leçons qu'il faut entendre, ses enseignements qu'il faut suivre, ses devoirs qu'il faut remplir. L'Allemand est là, sur notre sol, tout près, et, comme l'a dit le poète,

> ... jusque dans la bouche
> Nous venant respirer notre air.

Il faut lui tenir tête, donc lui faire face, n'avoir de distraction ni à droite ni à gauche. Il faut, tout le long de cette double ligne de tranchées qui va de Belfort à la mer, regarder droit devant soi, et à gauche comme à droite, se sentir les coudes pour s'entr'appuyer, s'entr'aider et le combattre.

Voilà les enseignements actuels de la guerre.

Mais après la guerre, me direz-vous, après la victoire et la délivrance, que comptez-vous faire? Et je réponds qu'après la guerre, demain, il en sera de même. L'Allemand sera là avec une autre armée et avec d'autres armes.

Son armée ne sera plus celle des pirates, des incendiaires, des assassins, des entrepreneurs de noyades d'enfants et de femmes, ce sera l'armée obséquieuse des industriels, des négociants, des commis et des ouvriers.

Les armes, ce ne seront plus les liquides enflammés, les obus lacrymogènes et les gaz asphyxiants, ce seront les produits et les marchandises.

C'est à ces troupes ainsi armées que de nouveau il faudra barrer la route. Plus que jamais, il faudra lutter et plus que jamais nous aurons besoin de force et d'union. Déposer définitivement notre armement de querelles intérieures, organiser, entretenir, développer notre régime de protection et de défense contre l'implacable ennemi qui, n'ayant pas réussi à nous conquérir par les armes, essaiera la conquête pacifique : voilà le programme auquel Déroulède lui-même aujourd'hui vous convierait, que la Ligue des Patriotes vous propose et sur lequel doivent se réunir définitivement et se grouper tous les Français. (*Applaudissements.*)

J'ai dit « tous les Français », j'aurais dû dire presque tous, parce que nous ne pouvons pas ignorer qu'il existe encore en très petit nombre des hommes d'exception, à qui la guerre n'a rien appris, qui ont repris sur leur échiquier de 1912, 1913, commencement de 1914, les misérables petites parties qu'ils y avaient engagées, qui continuent de manœuvrer et de pousser les pions de la lutte des classes, de la dénonciation, du dénigrement et de l'excitation des citoyens les uns contre les autres.

Ne vous indignez pas trop contre eux, ils ont peut-être plus droit à notre pitié qu'à notre colère : ce sont des infirmes ! (*Applaudissements.*)

Ils sont sourds et aveugles. Ils sont sourds, puisqu'ils n'entendent pas le canon allemand dont ils se tiennent d'ailleurs éloignés le plus qu'ils peuvent. Ils sont aveugles, puisqu'ils ne voient pas ceux qu'ils croisent dans les rues, nos blessés, nos mutilés et nos femmes en voile de crêpe.

Je ne crois pas que vous deviez compter sur eux. Ceux-là ne viendront pas à la Ligue des Patriotes, et cela se trouve très bien, car s'ils ne veulent pas de la Ligue, vous penserez avec moi que la Ligue ne veut pas d'eux. Elle est la Ligue des Patriotes. (*Applaudissements.*)

Quand donc je vous propose ce programme de réconciliation entre tous les Français, il est bien entendu, n'est-ce pas, que je ne renie pas le passé de la Ligue. Vous allez voir, sur les conseils mêmes de Paul Déroulède, sous l'influence des leçons de la guerre, la Ligue, dans son programme et dans l'exécution de son programme, remonter à ses origines. Il va me suffire d'un coup d'œil en arrière pour vous en convaincre.

La fondation de la Ligue des Patriotes remonte aujourd'hui à trente-quatre ans; ce fut une de ces étincelantes improvisations dans lesquelles excellait Paul Déroulède. Dans un gymnase dont j'ai oublié le nom se donnait une fête de l'Association des sociétés de gymnastique de la Seine. Félix Faure présidait, ayant à ses côtés Alfred Mézières et l'historien Henri Martin.

Paul Déroulède prit la parole avec cette puissance d'entraînement dont il avait le don et dont je crains qu'il ait emporté le secret. Il harangua les jeunes gymnastes. Ce fut une vague d'enthousiasme qui déferla, qui s'éleva et qui emporta tout l'auditoire.

On trouva, je ne sais comment et je ne sais où, un registre qu'on ouvrit, sur lequel les personnes présentes furent invitées à apposer leurs signatures. Tout le monde se précipita. La Ligue des Patriotes était fondée. On acclamait comme président Henri Martin, Paul Déroulède n'acceptant que le titre de délégué; on nommait vice-présidents Alfred Mézières et Félix Faure. Une devise frappée en médaille était proposée, elle est restée la devise de la Ligue des Patriotes, vous la connaissez : Qui vive? France!

Au sortir de la salle, l'enfant était né, debout, vigoureux, et marchait, sans que personne, une heure auparavant, eût pu prévoir et pronostiquer sa naissance.

Quel était, dès ce moment, le programme de la Ligue? Il tenait dans un passage du discours même de Paul Déroulède :

Il est, disait-il, trois choses que je recommande tout particulièrement à la propagande morale dont vous allez être chargés : développer partout et en tous l'esprit patriotique qui fait passionnément aimer la Patrie; l'esprit militaire, qui la fait servir patiemment et vaillamment; l'esprit national, qui est la connaissance exacte et raisonnée des intérêts et des besoins de la nation entière, et qu'il ne faut laisser ni s'émietter à l'intérieur en entreprises particularistes, ni se disperser au dehors en entreprises humanitaires.

Concentrons-nous, rallions-nous, entr'aimons-nous, entr'aidons-nous, soyons français, bons français, rien que français. Quant à la fraternité des peuples, nous en reparlerons le jour où Caïn nous aura rendu ce qu'il nous a pris. (*Applaudissements.*)

Je compte bien, n'est-ce pas? Trente-quatre ans ont passé, nous sommes en 1916 et nous cherchons à définir le programme de la Ligue des Patriotes? Eh bien, le voilà. Il n'y a pas un mot à changer, pas une parole qui ne s'applique à la définition des devoirs du citoyen français en 1916.

Avec une stricte loyauté, pendant les années qui suivirent, ce programme s'exécuta. Paul Déroulède paraissait être partout à la fois, il payait de sa personne, de son éloquence et de son argent. Il faisait trois cents conférences en cinq ans à Paris et dans la province. Il encourageait les sociétés de gymnastique. Il créait les sociétés de tir. Il fondait au siège même de la Ligue des Patriotes l'Union des sociétés de tir de France. Partout, il portait la bonne parole, partout, il prêchait l'union, en écartant de toutes ses forces les germes de division et de discorde.

Puis un jour vint où il sembla à Déroulède que la cause sacrée de la Patrie, qu'il avait prise en main, pouvait être compromise et menacée par l'internationalisme qui s'enhardissait, qui, à la faveur de certains encouragements ou de certaines faiblesses, redressait la tête et gagnait du terrain. Le flot de l'anarchie montait. La ligne bleue des Vosges s'estompait dans un horizon de plus en plus obscurci. Il y avait danger, et Paul Déroulède se jeta dans la mêlée.

Il le fit avec toute la générosité, toute l'ardeur de son cœur, mais aussi dans le calme — je le sais — et dans le sang-froid réfléchi de son cerveau.

Pour lui-même, il a perdu la partie. Il a payé, il a payé cher, et vous savez de quel prix : l'exil, et personne ne peut dire combien d'années de sa vie. Mais ce qu'on peut dire, ce qu'il faut proclamer une fois de plus, car c'est une justice que lui ont rendue ses plus implacables adversaires, c'est qu'à aucun moment, au pire, au plus cruel de ces dures épreuves, qu'il a supportées si vaillamment avec son ami Marcel Habert, jamais, jamais il n'a eu d'autre objectif que la grandeur et le salut de la Patrie. (*Applaudissements.*)

Résolu à ne pas jeter dans cette assemblée la moindre semence de désunion, convaincu, d'ailleurs, que vous êtes plus préoccupés de pourvoir au présent et d'aviser à l'avenir que de régler les comptes du passé, j'abandonne avec confiance cette longue période au jugement de l'impartiale histoire.

J'arrive maintenant à l'examen aussi rapide que je le pourrai du programme que la Ligue des Patriotes propose à votre adhésion.

Le 12 juillet 1914, six mois après la mort de Paul Déroulède, la Ligue se réunissait pour lui désigner un successeur. L'élection ne fut point difficile, il n'y avait qu'une candidature possible, elle s'imposait, c'était l'obéissance au vœu suprême de Paul Déroulède. La Ligue des Patriotes acclamait pour son président Maurice Barrès. (*Applaudissements.*)

On était à la veille de la guerre, mais, il faut bien le dire, personne n'y croyait! Oh! ce n'était pas que les avertissements nous eussent fait défaut, mais on ne les avait pas laissés parvenir jusqu'à nos oreilles. Sans donc que la perspective d'une guerre imminente imposât encore la concorde et l'union en face de l'ennemi, Maurice Barrès, comme président nouveau de la Ligue des Patriotes, faisait sa profession de foi. Je la replace sous vos yeux, de façon à vous assurer que nous sommes bien restés toujours dans l'esprit et dans les traditions de la Ligue des Patriotes telle que l'avait conçue son fondateur.

« Nous continuerons tous ensemble, disait Maurice Barrès, la tâche de la Ligue, qui est de travailler continuellement à l'union de tous les Français autour de la revendication des provinces perdues.

» Notre première déclaration, c'est de reprendre, ce soir, la grande parole initiale sur laquelle fut bâtie toute la Ligue : « Républicains, bonapar-
» tistes, légitimistes, orléanistes, ce ne sont là,
» chez nous, que des prénoms. C'est Patriote le
» nom de famille ».

» La Ligue des Patriotes se tient en dehors des partis. Elle ne se mêlera pas aux luttes quotidiennes, électorales et parlementaires; elle ne veut connaître que les graves intérêts nationaux. Il sera de notre rôle de les éclairer et de les servir, dans une suite de campagnes bien préparées.

» Le devoir actuel et éternel de la Ligue est de s'opposer à toute déchéance morale et matérielle de notre Patrie. Ainsi, jamais plus qu'à cette heure n'aura été utile l'existence de notre Ligue, destinée à servir de ferment patriotique et à maintenir en France, avec les souvenirs de 1870, la fidélité à Metz et à Strasbourg ».

Quinze jours plus tard, l'orage était près d'éclater; les premiers roulements de tonnerre s'étaient fait entendre à la frontière, ne laissant plus guère d'illusion sur la tempête prochaine. Le Président de la République rentrait précipitamment de voyage; c'était le moment où il fallait que toutes les forces vives de la nation se groupassent autour du chef de l'État, qui représentait la France devant l'étranger et qui allait la représenter devant l'agresseur. (*Applaudissements.*)

Ce fut la conception qu'eut immédiatement Maurice Barrès. Le 29 juillet 1914, il écrivait :

« Comme président de la Ligue des Patriotes, j'ai été sollicité d'organiser un meeting. Attendons, je ne crois pas le moment venu. Il ne faut pas qu'un seul mot soit prononcé qui puisse être exploité contre le pays en dehors de ceux qui ont la responsabilité de parler au nom de la Patrie. Et la force morale de notre nation ne peut pas mieux éclater que dans cette manière silencieuse que tous les partis ont, à cette minute, de se ramasser fraternellement les uns auprès des autres.

» Mais, demain matin, le chef du Gouvernement rentre dans Paris. Il revient, ayant affirmé que le bloc Londres-Pétersbourg-Paris ne se laissera pas dissocier. Les patriotes — et je ne veux pas dire les ligueurs seulement, mais des milliers de Français ardemment dévoués à la Patrie — seront à la gare du Nord et sur le parcours pour acclamer non pas un homme, non pas une conception de parti, mais celui qui vient de représenter la France à l'étranger, de resserrer l'alliance russe et de proclamer la Triple-Entente.

» A cette minute, on ne doit plus connaître de partis, mais seulement la France. Nos divisions politiques et sociales passent à l'arrière-plan. Nous ne sommes plus qu'une grande armée, grave et résolue, dont tous les hommes se massent coude à coude. Député de Paris et président de la Ligue des Patriotes, je serai demain parmi des milliers de Français qui salueront sur son parcours le chef de l'État et qui, par là, voudront signifier qu'ils affirment la Triple-Entente et qu'ils se groupent avec résolution autour du drapeau tricolore ». (*Applaudissements.*)

Vous venez d'entendre Maurice Barrès prémunir la Ligue des Patriotes contre tout danger, contre tout risque d'agitation. C'était la sagesse même.

Pas de cris et peu de paroles. Telle devrait être la consigne d'un peuple en guerre; telle a été celle à laquelle s'est soumise courageusement la Ligue des Patriotes et, à son exemple, la population civile de la France tout entière. Et puisque je parle de cette population civile française, voulez-vous me permettre d'ouvrir une parenthèse en l'honneur du civil?

C'est qu'en effet on ne me paraît pas lui avoir rendu une suffisante justice. Dans une très bonne intention et probablement pour exalter par le contraste l'héroïsme de nos combattants, on a diminué le civil, on l'a raillé, on a — vous me permettrez le mot — blagué le civil.

Un de nos amis, Forain, roi du croquis et empereur de la légende, Forain, dont il me semble, sans le voir, que je sens en ce moment dardé sur moi le regard aigu, Forain a porté au civil un coup dont celui-ci a bien de la peine à se remettre, avec son fameux dessin : « Pourvu que les civils tiennent! »

O esprit, que d'injustices parfois on commet en ton nom! Mais que vous faut-il donc, ô Forain! Vingt mois de guerre vaillamment supportés, les horreurs indescriptibles de l'occupation, un tiers peut-être de la population en deuil, et cependant pas une échauffourée, pas une révolte, pas un cri.

Pour être ainsi jugé, qu'a-t-il donc refusé, cet admirable peuple de France, ce civil? Vous lui avez demandé ses enfants; il les a donnés. Vous lui avez demandé le silence; il s'est tu. Vous lui avez demandé la patience; il attend. Vous lui avez demandé la confiance; sa foi resplendit intacte et tout entière.

Le civil tient, quoi qu'en dise Forain, le civil a tenu, le civil tiendra et donne un admirable exemple de sagesse, de patience et de courage résigné. (*Applaudissements.*) Je suis heureux de voir qu'en ce moment vous m'approuvez.

Grave, en dépit de quelques frivolités de surface et qui ne comptent pas, docile, discipliné, je dis qu'il a rempli tout son devoir, et que la Ligue des Patriotes a eu le mérite de respecter son recueillement.

Ne croyez pas cependant que le silence de la Ligue depuis le début de la guerre ait été l'inaction ou le sommeil. A tous les besoins de nos troupes, il a été pourvu par ses soins; ses préoccupations se sont étendues à tout. Elle a créé une série de sections, notamment la section de la correspondance, et l'on peut dire que pas une lettre n'arrive à la Ligue des Patriotes sans recevoir une réponse. Section des vêtements, section du tricot du combattant, section des alsaciens-lorrains, section des prisonniers de guerre évadés, je le répète, à tout il a été pourvu.

Mais vous pouvez me poser une question. Pourquoi ayant, jusqu'à ce jour, observé le silence, la

Ligue des Patriotes le rompt-elle aujourd'hui et en cette occasion? En voici l'explication : c'est qu'une vérité s'est fait progressivement jour et peu à peu s'est substituée à une erreur qui a été très commune et très répandue en France dès le début de la guerre et dont je vous dois la confession parce que, à la différence de notre président, j'y suis tombé.

Par l'effet de la mobilisation, nos existences individuelles avaient été bouleversées, la vie nationale avait été interrompue, il semblait à beaucoup qu'elle dût s'arrêter; on se disait qu'on pouvait attendre, qu'on devait attendre, et, les bras croisés ou les bras ballants, on attendait. On se disait qu'on ne pouvait pas à la fois se battre et travailler. Fermons boutique, avait dit le commerçant. Arrêtons l'usine, avait dit l'industriel. Laissons reposer la terre, avait ajouté le cultivateur. On se retrouvera après. On croyait que la guerre serait terminée en quelques semaines, et surtout on ne prenait pas garde que ce ne sont pas les mêmes qui se battent et qui travaillent.

C'est une erreur aujourd'hui démontrée après vingt mois de guerre, mais qui n'est pas tout à fait dissipée. On trouve encore bien des gens pour dire : Attendons la fin, la guerre ne peut pas toujours durer, elle se terminera, et au moment de la paix, il sera bien temps de pourvoir et de remédier à tout.

A ce langage, la Ligue des Patriotes répond : « Il n'y a pas de pire faute à commettre ». Ah! nous la payons cher notre imprévoyance; n'y retombons pas! Nous n'avons pas su en temps de paix, — nous devons bien cet aveu, — nous n'avons pas su, en temps de paix, préparer la guerre; *il nous faut avoir le courage,* Messieurs, *en temps de guerre, de préparer la paix.* (*Applaudissements.*)

Non! non! il ne faut pas que le jour où aura été tiré le dernier obus ou le dernier coup de fusil, nos plénipotentiaires arrivent au congrès de la paix, le cœur plein de bonnes intentions et les mains vides, pour s'abandonner aux hasards et aux grâces de l'improvisation. Ils auront ce jour-là un rude procès à plaider, ce sera le procès de la France, et si vous voulez en croire ma vieille expérience d'avocat, un grand procès cela ne se plaide pas avec l'éloquence, cela se prépare avec un dossier. Il faut que le dossier soit prêt et ordonné. (*Applaudissements.*)

Eh bien, la Ligue des Patriotes s'offre comme un des secrétaires modestes et discrets de la nation, pour préparer le dossier et pour dresser sans turbulente ingérence le cahier des revendications nationales. (*Applaudissements.*)

Et la paix signée, tout sera-t-il dit? tout sera-t-il fait? Oh, non pas! Il restera bien des choses à faire si vous voulez éviter de retomber dans les mêmes erreurs. Il ne faut pas que puisse s'accomplir après 1916 ce qui a été possible après 1870. Mais pour cela il n'est que temps de se préparer. Il ne faut pas que de nouveau, dans dix ans ou dans vingt ans, nous retombions dans la stupeur que nous ont causée certaines découvertes et certaines révélations quand nous avons appris, par l'effet de la guerre, qu'une grande partie de notre commerce et de notre industrie était en France tombée aux mains des Allemands. (*Applaudissements.*) Cela était arrivé à un tel point que (je prends cet exemple de la vie familière), en septembre ou en octobre 1914, une ménagère qui avait eu le malheur de casser le verre de sa lampe à pétrole, ne trouvait pas à le remplacer parce que les maisons allemandes en France étaient sous séquestre, et parce qu'en France, depuis quelques années, on avait renoncé à fabriquer des verres de lampes.

A qui en était la faute? Il ne convient pas ce soir de le rechercher, cela pourrait provoquer certaines amertumes. Tout le monde était un peu coupable : indifférence des consommateurs, exigence de la main-d'œuvre, insuffisance de la protection législative, peut-être une insuffisante organisation de notre industrie, peut-être une mauvaise conception du commerce. Choisissez entre ces divers éléments ou plutôt réunissez-les, combinez-les, et vous serrerez d'assez près la vérité. Il ne faut pas que cela recommence.

Où sera le remède? La Ligue des Patriotes s'offre à le rechercher. Elle a créé une section économique, sous la présidence de M. Ernest Carnot, qui dans notre pensée est destinée à prendre le plus grand développement possible.

Toutes ces questions dont je viens de vous indiquer le sommaire viendront, s'y étudieront, et mûriront à la recherche d'une solution.

Je ne peux pas entrer dans les détails, mais je peux vous indiquer la ligne générale de l'action à engager. Pour la tracer, je ne vais pas chercher bien loin. Je ne vais pas sortir de la Ligue des Patriotes, je vais tout simplement consulter ses archives.

Voyez le petit livre que je viens de prendre. Il est d'aspect fatigué, les pages et les tranches sont jaunies par la poussière; les ans en sont la cause. Vous ne le trouverez pas en librairie; on n'en connaît, je crois, que quatre exemplaires à l'heure actuelle, et c'est dommage, parce que ce que je vais vous en lire devrait être tiré à des centaines de mille exemplaires. C'est un discours dont tout à l'heure — permettez-moi cette coquetterie — je vous dirai la date et l'auteur. Le programme économique de la France en guerre est traité là tout entier, et je ne m'excuse pas de vous faire la citation ni si la citation est longue, car je suis assuré que ce sera la meilleure partie du discours que vous voulez bien entendre.

Écoutez :

La première défense nationale à organiser est la défense du travail français....

Il faut que quelqu'un s'en charge et y supplée. N'avons-nous pas là justement une association toute formée et toute prête dans cette Ligue des Patriotes, dont une des formules est la DÉFENSE ET LE RELÈVEMENT DE LA PATRIE?

Ne devrait-elle pas faire place dans son œuvre à une section spéciale, dite LIGUE D'ÉCONOMIE POLITIQUE, où se centraliseraient et se grouperaient tous les renseignements nécessaires à cette œuvre de patriotisme commercial qui est inséparable de toutes les autres formes du patriotisme? La force de l'argent est une force nationale que nul sage français ne doit négliger, et au maintien de laquelle tout Patriote doit veiller, tout en dirigeant l'action et en en choisissant le but.

Si tout ce que nous avons dit, rappelé ou lu aujourd'hui, vous met au cœur la même inquiétude patriotique que celle que nous ressentons nous-mêmes en vous parlant, aucun et aucune de vous n'hésitera, j'en suis sûr, à former avec nous cette ligue de résistance patriotique.

Que nos commerçants français, qui ne peuvent vouloir ni la ruine de nos producteurs, ni le chômage de nos ouvriers, cessent d'aller grossir les revenus de nos adversaires; qu'ils songent à faire vivre la France, car il n'y va pas de moins; qu'ils y songent et qu'ils s'y engagent.

Que, de son côté, le consommateur, qui est tout et qui peut tout, signe sur nos registres le pacte de la protection nationale, décrété par la nation même. Qu'il consente à payer d'abord un peu plus cher ce que le redoublement de la production française lui permettra bientôt de payer moins cher. Qui vend mille peut faire dix fois plus de rabais que qui vend cent.

N'y trouvât-on d'ailleurs ni personnellement, ni matériellement aucun intérêt présent ni futur, que le salut de la fortune publique mériterait bien ce sacrifice et ce secours de tous. Notre conviction, pourtant, est que nul n'y perdrait, et que la France y gagnerait beaucoup. Ce double engagement du vendeur et de l'acheteur une fois admis, ou même ce simple éveil sur le danger commun donné au pays, ce serait alors une véritable recommandation pour tout Patriote, inscrit ou non à la Ligue, que de lire sur une vitrine ou sur une facture ces trois initiales : L. D. P., surmontées de ces deux mots : ARTICLES FRANÇAIS.

Les acheteurs étrangers eux-mêmes seraient reconnaissants de ce certificat d'origine.

... Là, comme ailleurs, *le rôle des femmes doit encore être prépondérant*, non pas seulement parce que le triomphe d'une idée dépend beaucoup d'elles, mais parce que, à leur insu, les trois quarts des objets qui composent leurs toilettes sont aujourd'hui de fabrication allemande. Moins occupées, et par conséquent moins pressées que nous, elles ont le temps de s'enquérir de la provenance de ce qu'elles achètent. Nous pressentons bien que la réponse sera rarement sincère, mais la question faite et renouvelée servira d'avis pour l'avenir au vendeur, j'allais dire au recéleur d'objets prussiens.

Quant aux différents remèdes proposés par nous contre les diverses formes d'un même mal — l'invasion allemande en hommes et en marchandises — nous persistons à croire qu'il n'en est pas de plus efficaces que le groupement des résistances individuelles en résistances collectives.

Voilà votre programme. Vous n'en avez pas d'autre à chercher.

Je vous ai fait une promesse, je vous ai promis l'indication de la date : 1883. *Il y a trente-trois ans!*

Vous vous étonnez, vous vous récriez : Mais c'est de la divination, c'est de la prophétie!... Hélas! d'un prophète qui a clamé dans le désert. Et de ce prophète, vous ne me demandez pas le nom parce que vous l'avez tous deviné. Encore lui : Paul Déroulède. (*Applaudissements.*)

Ah! pauvre, cher et grand patriote, comme en dépit de toute sa gloire il est resté ignoré de la foule! Combien en est-il parmi ses plus fervents admirateurs qui ont conservé surtout le souvenir du Déroulède aux discours véhéments et aux gestes hardis et qui peut-être ne songent pas assez à ses qualités d'étude, de réflexion, et de prévoyance! Mais, vous le voyez, je vous en apporte la preuve : il avait tout prévu.

Est-ce sa faute à lui si la France assoupie au bercement monotone et funeste des doctrines pacifistes, détournée de son droit chemin par les profiteurs de divisions intestines, (*Applaudissements*) n'a pas pu ou n'a pas voulu l'entendre? Nous l'entendrons désormais, car, vous le voyez, dans tous les domaines, c'est l'héritage de Paul Déroulède, c'est l'héritage de la Ligue des Patriotes que nous avons à exploiter.

Il faudra reviser nos lois, il faudra faire plus, il faudra s'attaquer aux mœurs. En législation, que de choses à faire!

Tenez, il y a quelques jours, on me donnait en communication un projet de loi sur cette question si grave et si essentielle des marques de fabrique. Les députés qui ont pris l'initiative du projet veulent que désormais aucun produit ne circule ou ne soit mis en vente en France sans porter sa marque d'origine; ils poursuivent, ils pourchassent l'anonymat du produit, qui est le masque derrière lequel s'abrite le Boche astucieux pour nous glisser, nous écouler sa marchandise. Il paraît que ce projet rencontre certaines résistances (*Ah! ah!*)... oui, certaines objections de la part de plusieurs chambres de commerce.

Je ne prends pas parti, je ne me sens pas à cet égard une suffisante compétence, mais je signale à notre section économique cette question comme étant du nombre de celles dont elle devra s'occuper.

Je vous disais qu'il conviendra également de s'attaquer aux mœurs. En effet, il faut faire notre aveu : Nous avons tous péché par une imprévoyance universelle. Il faudra que les consommateurs comprennent qu'ils ont des devoirs à remplir (je ne sais pas si l'on dit consommatrices, mais tout à l'heure Déroulède y conviait les femmes) ; il faudra que les consommateurs, avant d'acheter un objet, le prennent, le tournent et le retournent, pour s'assurer qu'il ne porte pas de marque suspecte, et qu'ils boycottent impitoyablement les fournisseurs douteux. (*Applaudissements.*)

Le rentier, le paisible rentier, aura aussi des obligations. Je crois bien qu'il ne les soupçonne pas. (*Rires.*) Quand il a des capitaux qu'il veut mettre en réserve pour se créer des disponibilités, il les porte à une maison de banque ou à un établissement de crédit, et il n'a guère qu'une préoccupation égoïste, celle de la solidité de la banque dépositaire. Mais cela ne suffit pas, il faudra désormais qu'il soit plus curieux, qu'il se préoccupe de savoir comment son banquier fait fructifier l'argent qu'il met en dépôt, car je suis incapable de vous indiquer la quantité d'or français qui, de cette façon, a pu passer en Allemagne, et après un certain nombre de détours a servi à confectionner des sous-marins, des zeppelins, et des grosses Bertha, sous les projectiles desquels meurent nos enfants. (*Applaudissements répétés.*)

L'industriel devra modifier ses méthodes de production, il devra développer son initiative, il devra suivre de plus près les progrès de la science, pour éviter que les découvertes de nos savants français ne soient volées par l'Allemagne.

Le commerçant de son côté devra se dégager de l'ornière routinière, pousser l'offensive au dehors, et chercher dans l'accroissement de son chiffre d'affaires une compensation à la diminution de ses prix de vente qui lui permettra de braver la concurrence étrangère.

Vous le voyez, le champ est grand à cultiver. Nous nous offrons à en tenter la culture.

Je sais que des Ligues, des Unions se sont constituées avec l'objectif que sommairement je viens d'énoncer. La Ligue des Patriotes encourage ces initiatives ou individuelles ou collectives; elle propose à ces Ligues non pas de les accaparer, non pas de les absorber, mais d'être entre elles comme un agent de coordination qui pourra les faire bénéficier de sa propagande.

Cette propagande est considérable, je le dis en passant, mais vous le savez tous par l'appel qui vous a été fait lorsque vous êtes entrés dans cette salle. En effet, la Ligue des Patriotes vient de ressusciter *Le Drapeau* qui paraîtra deux fois par mois, qui consacrera une place étendue à ces graves problèmes d'économie, et qui avec le plus grand soin s'éloignera, s'écartera de tout ce qui divise pour se maintenir toujours dans les liens de l'union la plus complète, de cette union qu'en terminant je voudrais avec insistance préciser une fois de plus.

Dirai-je union sacrée? Le mot est très beau, seulement il a beaucoup servi, et il a été détourné de son sens vrai et sincère par beaucoup qui n'ont voulu voir dans cette union que l'engagement de s'abstenir pour le temps de guerre et comme à regret des querelles politiques. Si c'est cela, ce n'est que la trêve misérable et stérile des injures. Je vois une autre union, une union permanente, une union féconde, une union agissante, et je crois que c'est à celle-là que la Ligue des Patriotes peut vous convier.

La Ligue des Patriotes ne prétend pas à elle seule réaliser l'idéal que je fais luire à vos yeux, mais elle peut apporter son concours, elle pourra l'imposer si elle est à la fois l'ordre que je garantis et le nombre qui dépend de vous.

Elle pourra centraliser les efforts, s'associer à l'action des grands syndicats de la métallurgie, des textiles, des houillères, en assurant la concordance des intérêts collectifs ou particuliers avec l'intérêt supérieur et dominant, l'intérêt national.

Et j'entrevois alors le jour où il serait possible, tout de suite après la paix, de poster à chacune des avenues, à chacune des routes, à chacun des chemins qui mènent en France, une sentinelle vigilante qui arrêtera tout homme ou toute marchandise se présentant à la frontière, et lui posera la question qui est la devise même de la Ligue des Patriotes : « Qui vive ! »

— France ou alliés?... — Passez.

— Neutres?... Montrez vos papiers ! (*Rires.*)

— Allemands, Autrichiens, Turcs ou Bulgares?... Au large ! On ne passe pas aujourd'hui plus que vous n'avez pu passer hier à Verdun ! (*Salve d'applaudissements.*)

Photo CHÉRI ROUSSEAU

EXTRAITS DE DISCOURS

de Paul DÉROULÈDE (1882-1886)

Nous croyons intéressant de mettre sous les yeux du public, les extraits de quelques discours de Paul Déroulède. On verra que le programme exposé par Me Chenu dans sa magistrale conférence est tout entier inspiré par les principes posés dès 1882 par le fondateur de la Ligue des Patriotes. Les ligueurs continuent l'œuvre de leur chef : tous les Français peuvent s'y associer sans réserve, assurés de bien servir ainsi les grands intérêts de la Patrie.

I

FONDATION DE LA LIGUE DES PATRIOTES

(18 mai 1882)

Le jeudi 18 mai 1882, avait lieu, dans la grande salle du gymnase Heiser, une grande fête de gymnastique pour la remise du drapeau offert par Mme Thiers à l'*Association des Sociétés de gymnastique de la Seine*. Cette fête avait été organisée par M. J. Sansbœuf, patriote alsacien, qui fut un des premiers propagateurs de l'éducation militaire en France.

Au cours de la séance, qui avait attiré une foule nombreuse de spectateurs et qui était présidée par M. Félix Faure, député de la Seine-Inférieure, M. Paul Déroulède, qui se trouvait parmi les assistants, aux côtés d'Henri Martin et de M. Edmond Turquet, député de l'Aisne, fut invité à prendre la parole; il prononça le discours que voici :

MESSIEURS,

C'est une grande joie pour moi d'avoir assisté à cette fête; c'est une grande émotion aussi, d'autant plus grande qu'en même temps que votre cordiale invitation, j'ai reçu vos différents statuts et le compte rendu de vos dernières séances; que je les ai lus, et que dans les premiers articles inscrits dans les uns comme dans les discours prononcés à l'occasion des autres, j'ai vu que vous évoquiez partout et sans cesse l'idée de la Patrie. Et quand vous n'auriez pas écrit ni prononcé le nom de la France, n'est-ce pas elle qui apparaît toujours derrière ces noms dont vous vous désignez vous-mêmes?

Qu'est-ce, en effet, que *la Nationale, la Patriote, la Tricolore, la Vaillante, l'Indépendante, Gallia, la Gauloise, l'Alsacienne-Lorraine*, sinon autant de consécrations de vos forces et de vos efforts à cette mère Patrie, dont vous pleurez toujours les fils absents et dont vous êtes toujours bien, vous, les fils robustes et énergiques?

Oui, messieurs, vous l'avez dit et je ne fais que le redire après vous et comme vous, c'est pour des âmes vaillantes que vous formez des corps vigoureux; c'est parce que la force a primé le droit que vous voulez que le droit ait une force; ce sont enfin de bons soldats que vous nous préparez pour l'avenir.

Ne croyez pas, du reste, que j'aie attendu jusqu'aujourd'hui pour savoir ce que vous voulez et ce que vous valez.

J'ai déjà eu l'occasion d'assister à vos exercices,

d'admirer votre vigueur et votre souplesse et d'y applaudir avec tous vos spectateurs. J'étais aussi, moi, présent, à la fête de Saint-Germain, également organisée par votre infatigable président, M. Sansbœuf; aussi, moi, j'étais venu saluer comme vous la statue du premier libérateur du territoire. Je dis le premier, car il en faut un second.

Et cette libération ne devra pas être d'abord celle du sol conquis. Il en est une autre qui doit préparer celle-là en la précédant : la libération de l'âme même de notre France, encore occupée et toujours opprimée par l'étranger.

Oui, Messieurs, il faut le dire et il faut le savoir, depuis douze ans le pays vaincu vit dans un état de dépendance bien voisin de la servitude.

Je connais l'excuse de ceux qui consentent à cette servitude, je l'ai entendue, je l'ai même lue, car ces choses-là s'écrivent : « La France n'est pas prête ». Prête à quoi? A la guerre? Et qui donc en parle aujourd'hui, sinon ceux qui veulent se faire une arme politique du désarmement même de nos cœurs. Mais, prête à l'indépendance, qui donc en doute?

Je dis que ceux qui se représentent ou qui représentent autrement la France la méconnaissent et la défigurent. Je dis que si la bravoure a son excès qui s'appelle la témérité, la prudence a aussi le sien, que je ne veux pas nommer devant de bons Français comme vous.

Et savez-vous ce qu'il faut faire? Il faut en arriver à démentir hautement cette méfiance que l'on a de nous tous. L'attestation de notre bon vouloir et de notre bon courage métamorphosera peut-être à elle seule les tièdes volontés et les faibles courages de ceux dont je parle. Il suffit pour cela que les patriotes se comptent. Chacun se dit : « Ah! si mon voisin pensait comme moi ». Consultons le voisin, qui s'en dit peut-être autant; faisons l'appel, et nous serons tout surpris de voir demain le pays tout entier répondre : « Présent ».

On n'attaque que les faibles; on ne surprend que les oublieux; on n'opprime que les lâches.

« Le tout est que tout ce qu'il y a de Français en notre France se réveille, se rallie, et ait une parfaite intelligence ensemble ». Ainsi écrivait un patriote du XVIe siècle, désireux, lui aussi, de secouer le joug de l'étranger. Prenons-le pour guide, Messieurs, et vous dont les nombreuses sociétés sont déjà si bien reliées entre elles, soyez le premier lien de cette nouvelle Ligue française, de cette Ligue des Patriotes — je ne vois pas de meilleur titre à la chose.

Qu'autour de vous et de vos adhérents, viennent

se grouper les adhérents de toutes les autres sociétés existant déjà et ayant pour but le développement des forces morales, intellectuelles ou physiques de la nation. Que l'obole, que l'adhésion de tout bon Français nous aident à nous organiser, à nous compter et à nous reconnaître. Ouvrons un grand registre où viendront s'inscrire les enrôlés volontaires du patriotisme. Qu'au-dessus et en dehors de toute politique se forme enfin une fédération de toutes les bonnes volontés nationales.

Elles existent, ces bonnes volontés, mais individuelles, séparées, inconnues les unes aux autres. Tous ces milliers de petits ruisseaux ne cherchent qu'une pente pour former un fleuve; indiquons-leur cette pente, attirons-les, dirigeons-les, et lorsque les eaux du fleuve seront assez hautes et assez fortes, c'est alors qu'elles porteront d'elles-mêmes le vaisseau de la Patrie jusque par delà les Vosges.

Il est, Messieurs, trois choses que je recommande tout particulièrement à la propagande morale dont vous allez être chargés : développer partout et en tous l'esprit patriotique qui fait passionnément aimer la Patrie; l'esprit militaire qui la fait servir patiemment et vaillamment; l'esprit national, qui est la connaissance exacte et raisonnée des intérêts et des besoins de la nation entière, et qu'il ne faut laisser ni s'émietter à l'intérieur en esprit particulariste, ni se disperser au dehors en esprit humanitaire. Concentrons-nous, rallions-nous, entr'aimons et entr'aidons-nous. Soyons Français, bons Français, rien que Français. Quant à la fraternité des peuples, nous en reparlerons le jour où Caïn nous aura rendu ce qu'il nous a pris.

Je vois, Messieurs, et j'entends que mes paroles ont éveillé en vous un écho plus fort que ma voix même. J'en suis profondément heureux pour ma cause, pour notre cause, car elle est nôtre désormais. Aussi faut-il maintenant que je prêche un peu d'exemple après avoir si longuement sermonné : la première adhésion qui doit vous être donnée, n'est-ce pas la mienne? Oui, Messieurs, je veux être en effet des vôtres. Un choix me serait assurément bien difficile à faire entre vos différentes sociétés, si l'une d'elles ne portait deux noms passionnément chers à mon cœur. Je prie M. Fritsch, président de l'*Alsacienne-Lorraine*, de vouloir bien me compter parmi ses membres associés. Il ne me refusera pas cette faveur, j'en suis bien sûr, car si son pays n'est pas celui de ma naissance, il sait et vous savez tous, n'est-ce pas? que c'est le pays de mon adoption, de mon regret et de ma perpétuelle espérance!

Après une cordiale allocution de M. Sansbœuf, M. Edmond Turquet, dans quelques phrases éloquentes, proposa aussitôt de déférer la présidence de la nouvelle Association à Henri Martin; et le vénérable historien ayant accepté au milieu du plus grand enthousiasme, un registre d'inscriptions circula parmi les spectateurs; il fut rapidement couvert : la *Ligue des Patriotes* était fondée. Sur la première page du registre, M. Paul Déroulède inscrivit la devise de l'œuvre : « *Qui vive? — France* », et, s'adressant aux dames très nombreuses parmi l'auditoire, il les convia à prendre leur part de ce généreux mouvement :

Oui, dit-il, nous supplions tout le monde de signer la Ligue. C'est aussi, c'est surtout aux femmes de France que nous faisons appel. Car ce sont les mères qui font les fils. Il est pour vous, Mesdames, une mission meilleure et plus efficace encore que de venir, un jour, soigner nos blessés : c'est de donner tout de suite du cœur à nos futurs soldats. Et ne redoutez pas de les faire trop braves; une fois au feu, le courage n'est pas plus périlleux que la crainte. La force d'âme ne sert pas seulement à braver le danger, elle combat la mort même. Enfiévré de peur, le lâche meurt souvent de ses blessures, le brave les supporte, en guérit et vous revient.

II

DISCOURS D'ANGOULÊME

sur l'Éducation militaire (13 mai 1883).

Cet important discours, où la doctrine de l'éducation militaire, telle que nous la concevons et telle qu'on l'applique désormais en France, se trouve entièrement exposée, avec une précision et une force qui n'ont jamais été dépassées, a été prononcé, le 13 mai 1883, au banquet de l'Union des sociétés de gymnastique de France, à l'occasion de la huitième fête fédérale donnée à Angoulême, sous la présidence de M. Waldeck-Rousseau, alors ministre de l'Intérieur et l'un des premiers d'entre nos hommes politiques qui se soient intéressés à ces œuvres vraiment nationales.

Le discours d'Angoulême forme, avec le discours de Rouen que l'on va bientôt lire, la base fondamentale de notre programme.

Monsieur le Ministre,
Messieurs,

L'honneur est grand pour moi d'avoir à parler devant une telle assemblée, à l'occasion d'une telle solennité et au nom de cette Ligue des Patriotes, qui compte parmi ses premiers représentants, notre cher et vénéré historien national, Henri Martin.

Mais ce qui m'honore beaucoup m'effraye aussi un peu, car il se trouve que j'ai une mission de propagande à remplir; je n'ai pas seulement à porter un toast, je voudrais vous expliquer brièvement notre programme d'éducation militaire. La question est sans doute un peu grave pour l'endroit, mais la République de Platon n'admettait-elle pas la discussion philosophique dans ses banquets? Aussi bien ce sera là un commentaire tout naturel de cette belle journée.

Je ferai ce commentaire aussi court qu'il me sera possible, mais j'essaierai de le faire complet, encouragé que je suis par le milieu patriotique où nous voilà et par les ardentes sympathies que témoignent à cette œuvre tous les assistants de cette solennité française, depuis ce jeune et vaillant ministre (qui, soit dit entre parenthèses, est par sa mère, comme moi par mon père, un enfant originaire de la Charente) jusqu'à cette dévouée municipalité d'Angoulême qui a su donner un si brillant éclat à la neuvième fête fédérale.

Je n'en réclame pas moins, Messieurs, votre bienveillante attention.

Quant aux représentants de l'armée, à ceux que je considérerai toujours comme mes chefs et que j'aimerai toujours comme mes camarades, ce n'est pas seulement leur bienveillance que je réclame, mais surtout leur concours. Et, en effet, si les idées que je vais exprimer ne sont pas directement l'écho des leurs, elles sont du moins le résultat de mes conversations avec eux, de mes consultations incessantes auprès d'eux sur tout ce qui touche à l'organisation de toutes les forces vives du pays vaincu.

L'éducation militaire, telle que nous la comprenons, doit se diviser en trois périodes : la première est, avant tout, la période de l'éducation morale, qui prend l'enfant de huit ou dix ans sur les bancs de l'école ou du lycée et le conduit jusqu'à l'âge de quinze ans, où doit commencer pour lui la seconde période, la période de l'éducation physique.

Pour la troisième période, qui est la période de l'éducation militaire proprement dite, il suffit, selon nous, de l'entreprendre deux ans au plus avant l'âge où le jeune homme sera appelé à se servir d'une arme.

. . . .

La France manque de gymnases et de champs de tir municipaux. C'est là que devraient se porter d'abord, nous ne disons pas exclusivement, les efforts d'argent et d'organisation de tous ceux qu'occupe et que préoccupe ce grand problème de l'éducation nationale. L'éducation scolaire doit surtout se faire avec les livres scolaires, avec l'enseignement de l'histoire et de la géographie nationales; c'est sur ces âmes neuves et impressionnables que doivent être marqués d'une empreinte profonde la connaissance de la Patrie française, l'amour de toutes ses gloires, la fierté de toutes ses conquêtes pacifiques ou guerrières, le souvenir de tous ses deuils, d'où naîtra le sentiment de tous nos devoirs. L'éducation physique de cet âge, demandons-la à des exercices de gymnastique modérés, au jeu des récréations, à des promenades hebdomadaires qu'il faudrait régulièrement prescrire et régulièrement exécuter. Si l'on y joint l'exercice des armes, que ce soit modérément et méthodiquement, confiez-en la direction aux instituteurs mêmes qui sont déjà et seront de plus en plus à la hauteur de cette nouvelle tâche. Le rôle de l'officier — d'un véritable officier, alors — devra se borner à une inspection semestrielle ou annuelle de ces jeunes bataillons, et à l'examen des fusils choisis. Mais, encore une fois, ne croyons pas que tout est fait parce que ces enfants manœuvrent plus ou moins bien, et ne mettons pas le maniement d'armes de nos écoliers au premier rang parmi les moyens de régénération de la France.

Quand on a dit que c'est le maître d'école prussien qui a été vainqueur à Sadowa, — et il l'a été ailleurs aussi, hélas! — on n'a pas voulu dire qu'il avait mis les armes aux mains de nos jeunes ennemis, qu'il leur avait fait faire l'exercice militaire ou la parade entre deux récréations, mais bien qu'il avait appris à l'enfant l'histoire de sa Patrie, la géographie de sa Patrie, l'amour et le respect du nom prussien, en même temps que la haine de l'ennemi héréditaire.

Le premier outil d'éducation allemande n'est pas le fusil, mais le livre, outil terrible et qui a autant fait contre la France que les fusils Dreyse et les canons Krupp. Récemment encore, nous avions sous les yeux cet atlas allemand, où sont inscrits sous des noms allemands, non pas seulement les pays qu'ils nous ont pris, mais encore ceux qu'ils veulent nous prendre. D'ailleurs, ce n'est pas seulement l'instituteur allemand, c'est aussi la mère allemande, le père allemand qui préparent les soldats allemands : chansons populaires entendues dès le berceau, images populaires regardées dès le bas âge, légendes glorieuses ou haineuses racontées dans les veillées de famille, telle est la première source où l'enfant prussien puise l'amour de son pays et la haine ou le mépris de l'étranger.

Si nous nous sommes si longuement étendus sur cette première période de l'éducation patriotique et militaire, ce n'est pas dans le seul but de développer nos idées, c'est surtout pour essayer de convaincre quelques-uns de nos auditeurs que l'armement des cœurs est plus nécessaire encore que celui des bras, c'est aussi pour tâcher de faire comprendre à tous que de la seconde et même de la troisième période de l'éducation militaire dépendent, avant tout, la constitution et l'organisation de nos forces nationales. Ce qu'il nous faut, ce sont de robustes champions, de solides marcheurs, d'habiles tireurs, et ce qu'il leur faut, à eux, ce sont des gymnases et des stands. Occupons-nous des soldats de demain avant de nous occuper des soldats d'après-demain; c'est en eux et sur eux que tout repose, mais à ceux-là mêmes que nous admirons et que nous fêtons pour leur force, pour leur agilité et pour leur bonne tenue, ne leur disons pas que les voilà devenus de vrais soldats. N'enseignons pas à ces jeunes patriotes qu'il suffit de savoir tirer et marcher, résister à la fatigue et bien viser pour former une troupe invincible; saluons leurs efforts, applaudissons-les, récompensons-les aussi, mais disons-leur bien haut que, si grande que soit leur cohésion, si exactement qu'ils suivent leur discipline volontaire, ceux-là seulement sont de vrais soldats et constituent une vraie force nationale qui ont vécu trois ans au moins sous les mêmes drapeaux; ne leur disons pas qu'en apprenant à servir la Patrie par avance, ils auront à la servir moins longtemps. La vérité est qu'ils la serviront mieux; que, meilleurs soldats, ils seront de plus heureux soldats.

Leur service militaire n'en sera pas abrégé, il en sera seulement allégé. Du reste, ce n'est pas à cette vaillante jeunesse si fière et si désintéressée que j'adresse ces paroles; elle n'en a pas besoin. Ce n'est pas pour leur intérêt individuel que travaillent ces gymnastes et ces tireurs de France, c'est pour l'intérêt national et la cause commune. Toutes ces sociétés de bons Français connaissent leur but et leur devoir.

Il n'est pas un de leurs statuts où ne soit inscrit en tête ce mot sacré : Patrie. — Aussi, gymnastes de France, je tiens à vous féliciter publiquement, de tout mon cœur, des admirables progrès que l'éducation nationale a dus à votre initiative privée; je tiens à dire hautement l'estime sérieuse que j'ai pour vous, l'affection reconnaissante que je vous porte. De vous-mêmes et à vous seuls, vous vous êtes consacrés à la France. Vous avez pris sur le temps et sur l'argent de vos plaisirs de quoi fournir à la Patrie vaincue des légions de défenseurs. — Je me trompais tout à l'heure quand je vous appelais les soldats de demain, vous êtes les sous-officiers de l'avenir. Ces cadres qui nous manquent encore pour donner à notre jeune armée toute sa solidité et toute sa valeur, c'est à vous que la France les devra! — Vous vous êtes faits instruits pour pouvoir être des instructeurs; vous avez égalé vos forces physiques à votre énergie morale et à votre dévouement patriotique, et au nom de notre maître Henri Martin, sous la dictée duquel nous ne désespérons pas de pouvoir bientôt écrire une nouvelle page d'histoire nationale, je vous félicite, je vous salue et je vous applaudis.

. . . .

. . . .

III

DISCOURS DE ROUEN

sur la Défense nationale (mai 1883).

Appelé à Rouen par la Ligue de l'Enseignement pour donner une conférence au bénéfice du sou des écoles, M. Paul Déroulède, qui s'était expliqué si amplement lors des fêtes d'Angoulême sur les principes de l'éducation militaire, conçut le projet de traiter devant les populations énergiques et laborieuses de la Normandie, la question non moins capitale de la défense des intérêts matériels d'un grand pays, et d'examiner les problèmes économiques soulevés à la suite de notre défaite par les concurrences étrangères. Il intitula cette conférence pleine de faits nouveaux : *la Défense nationale,* et cette appellation a été fréquemment reprise soit par lui, soit par les autres propagateurs de la Ligue. Les doctrines exposées dans le discours de Rouen ont pénétré rapidement à travers toutes les classes de la société. Leur vulgarisation immense ne doit pas faire oublier que M. Paul Déroulède eut l'honneur de les traduire et de les fixer pour la première fois.

Mesdames,
Messieurs,

Permettez-moi de remercier tout d'abord notre sœur aînée, la *Ligue de l'Enseignement,* de l'honneur qu'elle a fait à notre jeune *Ligue des Patriotes* en venant lui demander son concours. Nous avons volontiers répondu à son appel, car si nos deux routes ne sont pas identiques, encore sont-elles assez rapprochées et conduisent-elles toutes deux au même but. La différence qu'il y a entre l'une et l'autre Ligue est tout entière contenue dans ces termes : *Éducation civique ou Éducation patriotique.* Nous n'examinerons pas ici quelle est celle de ces deux formules, tout à fait distinctes, qui aboutit le plus sûrement à cette troisième formule tout à fait semblable : *Éducation militaire;* mais cordialement, respectueusement, nous associerons dans une même acclamation de reconnaissance le nom de cet écrivain de talent, de cet éducateur dévoué, Jean Macé, fondateur et président de la *Ligue de l'Enseignement*, et le nom de notre grand historien national, de cet infatigable Français, Henri Martin, qui fut, lui aussi, un des premiers représentants de l'autre Ligue et qui est aujourd'hui l'inspirateur, le conseiller, le chef suprême de la *Ligue des Patriotes.*

Car, je tiens à le dire et à le répéter, je ne suis, moi, ici comme ailleurs, que le porte-drapeau de cette Ligue, ou si vous l'aimez mieux, que son porte-parole. Ce n'est pas que mes idées personnelles soient conformes en tout point à celles de mon cher et vénéré maître, mais il n'en est pas que je ne lui soumette, il n'en est pas que je ne fasse taire au moins momentanément devant l'expression de son désir ou la crainte de son blâme.

. . . .

Et cependant, si confiant que je sois en vous, Messieurs, je crois prudent de vous prévenir, pour éviter tout malentendu, du sens tout commercial, sinon tout pacifique, que j'attache aujourd'hui à ces mots : *Défense nationale.* Il est, en effet, probable qu'en lisant ce titre sur l'affiche, et en voyant au-dessous un nom qui ne représente guère pour vous qu'un poète militaire ou qu'un discoureur belliqueux ; il est probable, dis-je, que la première pensée qui vous est venue à l'esprit est que vous alliez entendre quelque récit de bataille, quelque souvenir de cette autre défense nationale, — qui a été l'honneur de la France et qui restera la gloire d'un Français ; — quelque appel à la guerre d'indépendance, en un mot, quelqu'une de ces sonneries de clairon qui me sont chères, auxquelles je ne renonce certes pas, mais que je crois aujourd'hui moins urgentes qu'une explication ou qu'un cri d'alarme sur les dangers de l'heure présente.

Ces dangers ont plusieurs causes, mais ils auraient tous le même effet : la ruine publique.

Or, s'il est vrai de dire qu'en l'état actuel de l'Europe une puissante armée est la seule sauvegarde de la prospérité d'une nation, c'est une vérité correspondante d'affirmer que la prospérité d'une nation est le premier soutien d'une puissante armée.

Je parle ainsi tout d'abord pour que personne ne se méprenne sur le motif qui me fait parler. Ce n'est pas seulement de la situation actuelle de la France que nous nous préoccupons en ce moment, c'est aussi de sa situation future et de ce que la *Ligue des Patriotes* appelle le relèvement complet de la Patrie.

Nous espérons aider à ce relèvement par la propagation de l'éducation patriotique et militaire, par un appui moral et matériel donné aux vaillantes sociétés de gymnastique et de tir; mais nous croyons faire également œuvre d'éducateurs et de patriotes en expliquant tout haut, à tous, qu'un pays ne se défend pas seulement par les armes, car il peut être envahi et menacé autrement que par des soldats.

La nouvelle invasion que subit aujourd'hui la France est celle de la main-d'œuvre et des marchandises étrangères; et la première défense nationale à organiser est la défense du travail français contre les travailleurs étrangers; la défense de l'industrie et du commerce français contre la concurrence et la contrefaçon étrangères, la défense des colonies françaises contre leur exploitation par des étrangers.

I

Le premier principe de la défense du travail français contre les travailleurs étrangers nous paraît être celui-ci :

Nous devons limiter le degré d'hospitalité à accorder à tels ou tels travailleurs étrangers au degré d'hostilité des nations qui nous les fournissent.

« Quel est le rempart de la Grèce? » disait Démosthène aux Athéniens vaincus, et il répondait : « La Défiance ». Je sais tout ce qu'une pareille doctrine a de contraire à notre générosité native. Nous sommes le peuple des bras ouverts et des mains tendues, mais encore faut-il savoir qui vient s'y jeter dans ces bras ouverts, qui vient serrer ces mains tendues.

Il y a assurément du vrai dans cette généreuse théorie : *Tous les peuples sont frères;* mais il y a encore plus de vrai dans cette théorie non moins généreuse : *Mon premier frère est le frère français.*

L'heure est venue d'un égoïsme national, ou, si vous aimez mieux, d'une passion nationale, absorbante, exclusive, jalouse comme toutes les passions. Ce n'est pas à moins que nous consolerons et que nous guérirons la Patrie. Je ne demande pas que nous haïssions nos voisins, je demande que nous nous souvenions de qui nous a nui, et que nous sachions bien qui nous nuit encore, qui nous nuit surtout et entre tous.

Quand le contact quotidien avec un ennemi que nous pouvons bien appeler héréditaire, nous aussi, n'aurait pour unique résultat que d'attiédir et d'émousser en nous la vigueur de nos rancunes patriotiques, qui sont des devoirs, encore serait-ce là une déperdition de force dont nous ne devons pas faire fi. De tous les cosmopolitismes, qui sont tous dangereux pour notre nation vaincue, il n'en est pas de plus fatal que celui qui ouvre imprudemment nos foyers au frère allemand, ce uhlan d'hier ou de demain.

Je l'ai dit et je le répète, la fraternité des peuples n'est que le mot de passe des ouvriers étrangers qui viennent partager le pain des nôtres. Notre terre de France semble être vraiment le pâturage de l'Europe; c'est bien le moins qu'elle choisisse ses hôtes et qu'elle n'admette que sous bénéfice d'inventaire les protestations amicales de ses fraternels envahisseurs. Passe pour le Belge, qui nous a si charitablement recueillis en 1870; passe également pour le Suisse, qui en a fait autant; passe encore pour l'Anglais, tout maussade qu'il soit, mais dont le fond vaut mieux que la forme; passe même pour l'Italien, dont les violences sont plus affaire de tempérament que de sentiment et dont le germanisme n'est peut-être pas incurable; mais ne passe pas pour l'Allemand; car entre eux et nous il n'y a pas seulement du sang répandu, il y a du sang volé.

Qu'on ne croie pourtant pas que ces raisons de sentiment soient le seul point de vue où je me place pour signaler l'invasion allemande comme un danger national.

L'angoisse instinctive que j'éprouve à la vue de tous ces *Deutsche* installés chez nous se double encore d'une préoccupation motivée par les résultats désastreux de leur séjour.

La *Gazette de Voss*, à qui j'emprunte ce chiffre, reconnaissait, au mois de septembre dernier, qu'il y avait 50.000 Allemands à Paris, et la *Gazette de Hongrie* parlait hier encore d'un demi-million d'Allemands établis en France. Il n'est pas d'usines, pas d'ateliers, pas de magasins de nos grandes villes où ils n'aient leurs places, pas de grèves où ils n'aient leur rôle et leur profit. Les exemples sont assez récents pour qu'il soit superflu de les rappeler.

Et ces innombrables concurrents ne nuisent pas seulement au travail français en France même, ils ne prennent pas seulement le gagne-pain des nôtres chez nous; une fois instruits à nos dépens, ils emportent chez eux tous nos secrets de fabrication en riant sous cape de cette bonne France, qui est la mère nourrice de ses ennemis et l'institutrice brevetée de ses concurrents. Ce que tel ouvrier français a mis de longs jours à trouver, ces plagiaires le décalquent en un instant, le fabriquent à la hâte et le livrent à moitié prix. Il faut lire à ce sujet les très remarquables articles publiés dans le *Drapeau* par M. Henri Deloncle. Vous y verrez l'extension qu'a prise depuis ces dernières années ce mode pratique de perfectionnement sans essais, et de réussite sans tâtonnements : dessins de tissus, modèles de meubles, façons de bijoux, types même de jouets, il n'est rien qui échappe à l'attention minutieuse de ces copistes forcenés. Il y a certainement là un hommage touchant rendu au goût des producteurs français; le malheur est que cet hommage ne soit pas tout à fait désintéressé.

Et je n'ai encore parlé que de l'ouvrier; que dirai-je de cette armée d'employés et de comptables tudesques que nous avons la naïveté de charger de correspondre pour nous avec le monde entier. Assidus, exacts, ils ont bientôt fait d'établir la liste complète de tous nos clients d'Europe ou d'outre-mer, le tarif détaillé de toutes nos marchandises. Munis de ces renseignements qui leur seront grassement payés, car ils rapporteront gros, ces employés modèles retournent au comptoir natal, expédient immédiatement au nom de leurs vrais patrons des offres de vente au rabais pour des marchandises similaires, et l'année suivante, le négociant français se trouve bel et bien dépouillé de sa clientèle au bénéfice du négociant allemand.

C'est ce qui rend explicable cette étonnante annonce publiée récemment dans le *Petit Marseillais* : « *Un Allemand désire faire la correspondance allemande dans une maison française, même sans appointements* ». Et cette proposition n'est rien moins qu'isolée. Un grand industriel de Rouen, à qui je la signalais ce matin même, me racontait qu'il recevait journellement des lettres de jeunes Prussiens qui lui demandaient à entrer chez lui pour un an avec ou sans appointements, ce à quoi un des contremaîtres qui étaient là ajouta gaiement : « Ce sont les volontaires d'un an de l'espionnage ».

Le temps me manque pour vous entretenir, même en passant, d'une autre forme non moins grave de la lèpre allemande, je veux parler de l'installation triomphale de ces messieurs à tous les guichets de la haute banque, de leur influence de jour en jour plus directe sur toutes les fluctuations de la Bourse. C'est d'ailleurs là une catégorie spéciale qui vaut les honneurs d'une étude à part et qui n'a rien à voir avec le travail et les travailleurs.

L'invasion pacifique que nous vous signalions a pris, dans ces derniers temps, de telles proportions que les journaux de toute nuance et de toute opinion s'en sont émus, aussi bien dans la presse parisienne que dans la presse départementale. Divers projets de loi ont même été déposés à ce sujet, de nombreuses brochures ont également paru. Signalons, parmi les plus récentes et les plus chaleureusement patriotiques, celle qui est signée Waverley. Son auteur, qui démontre fort ingénieusement que la main-d'œuvre est une marchandise, propose de frapper cette marchandise d'un impôt spécial sur tous les ouvriers étrangers.

. . . .

Mais si nous sommes obligés de faire de nombreuses restrictions aux idées particulières émises dans cette brochure, nous devons reconnaître que l'idée générale en est ardemment française, et nous en retiendrons cette phrase : « Il est une chose qui a encore plus besoin de protection pour vivre que l'industrie nationale, c'est le travail national représenté par l'ouvrier ».

Or nous reconnaissons que ce travail est tout aussi bien lésé par la venue en France de centaines de mille ouvriers allemands non formés, que par le retour en Allemagne de ces mêmes ouvriers formés à notre école. Car, par une coïncidence remarquable, l'Allemagne semble s'être tout spécialement outillée depuis la guerre pour produire ou plutôt pour reproduire ce que nous produisons. Peut-être est-ce là un des moyens de combat auxquels pensait le prince Frédéric-Charles, dès 1872, quand il parlait d'infliger à la France un Sedan financier et industriel. Nous verrons tout à l'heure quels sont les autres. Quant à nous, nous n'avons contre les uns ou les autres de ces moyens de combat qu'un seul moyen de défense, le groupement et l'association des bonnes volontés individuelles. La protection du travail français contre les travailleurs allemands, ce n'est pas à une loi d'État que nous la demandons, c'est à une coalition patriotique des ouvriers et des patrons français. Il suffirait d'une convention conclue de gré à gré entre leurs chambres syndicales respectives pour fermer à l'exploitation germanique toutes les portes de nos ateliers nationaux. Il y va de notre honneur, il y va même de notre sécurité que la France cesse le plus vite possible d'être une des colonies de l'Allemagne.

Que si quelqu'un s'inquiète de la portée de nos paroles ou des conséquences de nos conseils, nous répondrons que c'est aux bonnes volontés individuelles, seules, que nous faisons appel, qu'elles sont aussi puissantes qu'indépendantes, et que là où l'État français n'a rien à faire, l'État prussien n'a rien à voir.

II

Le second danger auquel ces bonnes volontés doivent également parer est plus directement la conséquence de cette campagne industrielle et commerciale menée contre nous depuis douze ans, et qui a eu pour première base d'opérations l'article 1er du traité de Francfort.

Le traité de Francfort, en effet, n'est pas seulement un traité de conquête, c'est aussi un traité de commerce.

On peut même dire qu'après avoir frappé la France en une fois d'un impôt de guerre de cinq milliards, l'Allemagne, depuis cette époque, lève indirectement sur nous un tribut annuel et annuellement progressif dont le commerce et l'industrie française paient tous les frais.

Nous avons tous si cruellement et si immédiatement souffert des conséquences inoubliables de l'article 1er du Traité et nous en souffrons si vivement encore, que bien peu d'entre nous ont arrêté leur vue et leur réflexion sur cet article 11 dont je parlais plus haut.

Vous connaissez tous la clause qui nous mutile. Je vais vous faire connaître celle qui nous ruine :

« Art. 11. — *Les traités de commerce avec les différentes nations de l'Allemagne ayant été annulés par la guerre, le gouvernement français et le gouvernement allemand prendront pour base de leurs relations commerciales le régime du traitement réciproque, sur le pied de la nation la plus favorisée* ».

En apparence, quoi de plus équitable que cette clause? Est-il dans la langue un terme plus clair que cette fraternelle épithète :

« Réciproque? »

Comment se fait-il donc que cette *réciprocité* ait eu pour conséquence : la France ouverte à l'Allemagne et l'Allemagne fermée à la France? D'où vient que telle marchandise provenant de l'autre côté des Vosges ne soit frappée, à notre nouvelle frontière, que d'un droit de 5 0/0, tandis qu'une marchandise similaire, envoyée de France en Prusse, se trouve arrêtée par une taxe cinq fois, six fois et jusqu'à dix fois supérieure?

Le motif en est bien simple; le traité de Francfort a été aussitôt faussé que signé. Car, en stipulant qu'elle traiterait la France sur le pied de la nation la plus favorisée, l'Allemagne ne pouvait loyalement pas sous-entendre qu'elle n'en favoriserait aucune. *Donner et retenir ne vaut,* dit le vieil adage; *tout contrat est synallagmatique et engage les deux parties contractantes,* enseigne aussi le droit français. Le droit allemand enseigne sans doute autre chose, car, après avoir dit à la France : « Tu me traiteras comme tes amis et je te traiterai comme mes amis », la Prusse ajoutait : « *Seulement, moi, je n'ai pas d'amis* ». Admirable stipulation qui peut également se formuler ainsi : « Tu me prêteras ta montre et je te prêterai la mienne, seulement, moi, je n'ai pas de montre ».

Telle est pourtant la situation dérisoire qui nous est faite. L'Allemagne a braqué sur nous un véritable canon Krupp, tout bourré de ses marchandises; elle nous en mitraille, quand et comme elle veut, et il ne nous a été laissé officiellement aucune arme pour lui riposter ou pour nous défendre. Et qu'on ne dise pas qu'en adoptant cette clause, les plénipotentiaires prussiens n'ont pas prévu immédiatement tous les bénéfices qu'ils pourraient en tirer un jour; si quelqu'un avait à Francfort les yeux voilés par les larmes, ce n'était assurément pas M. de Bismarck.

Les effets du mal ne se sont cependant fait sentir que huit ou neuf ans après, mais les causes n'en remontent pas moins au lendemain de la guerre.

Il fallait du temps à cette nation neuve pour s'outiller, et il fallait qu'elle fût outillée depuis plusieurs années pour produire fructueusement. Or, l'outillage, encore incomplet jusqu'en 1878, augmente et se perfectionne chaque jour. Les exportations, qui étaient déjà de trois milliards sept cent trente millions en 1880, ont augmenté de soixante-treize millions l'année suivante, et la progression est encore plus marquée pour les six derniers mois de l'année passée et pour les trois premiers mois de cette année-ci.

Il est avéré aujourd'hui que, grâce à une inégalité de tarifs sans limite, précédée d'une inégalité de salaires sans proportion, grâce aussi aux faveurs spéciales que nos propres chemins de fer accordent à tous les transits étrangers, les articles prussiens reviennent à 10 0/0 meilleur marché, sur la place de Paris, que les articles parisiens correspondants.

L'Allemagne ne profite là, je le sais, que des faveurs octroyées par nous aux nations voisines, et je me dis aussi qu'à l'expiration des traités récemment renouvelés, il n'eût peut-être dépendu que de nos négociateurs ou de n'en plus signer aucun ou de les modifier tous dans un sens plus protecteur. Mais qui peut savoir les dessous diplomatiques de ces concessions? Nous croyons assez au patriotisme de ceux qui les ont faites pour supposer qu'ils ont eu de puissantes ou de pressantes raisons. Peut-être aussi n'était-ce que sagesse de ne pas doubler notre lutte d'intérêt avec une nation d'un conflit commercial avec toutes les autres. Non pas que nous eussions demandé une protection absolue; mais pour qu'il y ait libre-échange, encore faut-il qu'il y ait échange, et quand Quesnay et Adam Smith ont dit : « Laissez faire, laissez passer », ils n'ont jamais voulu dire : « Laissez contrefaire, laissez surpasser ».

Au reste, qu'il y ait eu ou non une faute commise sur ce point et que cette faute ait ou non ses excuses, nous ne pouvons pas plus penser à dénoncer tous les traités consentis que proposer de déchirer le pacte imposé.

Mais ce que nous pouvons et devons faire sans

retard et sans relâche, c'est de signaler aux commerçants et aux consommateurs français le mal profond qu'ils causent à leur pays en consentant à bénéficier passagèrement de cette moins-value des productions prussiennes.

C'est une vérité dont il faut que nous nous pénétrions bien tous, qu'à chaque manufacture allemande qui progresse correspond une manufacture française qui décroît. Et que cet achalandage exotique se continue encore pendant deux ou trois ans, les acheteurs français, grands ou petits, en arriveront à créer un monopole au bénéfice de la Prusse par l'extinction totale de notre industrie nationale. A tant de causes, qui rendent déjà de tels concurrents particulièrement redoutables et leur concurrence spécialement nuisible, s'en ajoute une autre dont je n'ai encore dit qu'un mot.

Je veux parler de ce merveilleux don d'assimilation germanique, que la loi française qualifie tout simplement de contrefaçon et de vol de modèle. Les Allemands fabriquent comme nous, d'après nous et pour nous. Ils fabriquent aussi pour d'autres, bien entendu; mais le changement de clientèle ne modifie en rien les procédés de fabrication. Les comptoirs dont ils nous ont dépossédés dans l'Amérique du Sud et dans l'Amérique du Centre, aux Indes même et en Australie, sont actuellement remplis de marchandises allemandes, non pas seulement à notre imitation, mais à notre marque. Mirabeau disait jadis : « La guerre est le commerce national de la Prusse »; il pourrait dire aujourd'hui non moins justement : le commerce national de la Prusse est une guerre. Elle fait l'un comme elle a fait l'autre, mettant en pratique pour l'un et pour l'autre ce troisième moyen d'acquérir qu'Aristote appelait le brigandage, ou encore cette expédiente méthode de Panurge dont Rabelais disait « qu'il avait septante et une manières de gagner argent, dont la plus honnête était par façon de larcins furtivement faits ». Si vous teniez l'accusation pour injuste, j'ai là de quoi lever vos doutes. Écoutez ce passage du protocole de la conférence du 13 juillet 1881 :

Étiquettes et marques de fabrique.

« Conformément à leurs instructions, les plénipotentiaires français signalent à leurs collègues la nécessité de dissiper les préoccupations qui pèsent en ce moment sur certains industriels et commerçants français à propos des étiquettes et marques de fabrique. Plusieurs journaux allemands ont émis l'opinion que le texte du traité de paix, ne rappelant pas celui des droits de commerce d'août 1862, *donnerait implicitement le droit d'imiter, en Allemagne, les étiquettes et marques françaises.* Le commerce s'en est ému, à tort sans doute, et des plaintes ont été adressées au gouvernement français. C'est pour dissiper toute incertitude à cet égard que les plénipotentiaires français sont chargés de demander qu'une déclaration spéciale, dont les termes seraient à préciser, soit insérée dans le protocole final.

» Les plénipotentiaires allemands répondent que, à leurs yeux, et sans vouloir entrer à ce sujet dans une discussion de fond, *le principe de la garantie des marques de fabrique et des étiquettes ne leur paraît pas résulter des dispositions des traités de paix* aussi clairement que leurs collègues semblent le supposer ».

Que pensez-vous de cette bonne foi germanique ou punique? En ai-je trop dit à votre gré, ou ne cherchez-vous pas comme moi de quel nom on pourrait poliment désigner en bon français ces nobles diplomates qui réservent la discussion de ce problème : la *fraude* est-elle un droit? Par bonheur et par hasard aussi, ce problème a été de nouveau discuté et a reçu enfin une solution que nous ne saurions trop faire connaître, et que nous trouvons également consignée dans un des articles de M. Deloncle. Voici, en effet, ce que publiait notre collaborateur, à la date du 18 mai dernier :

« *Il existe une législation particulière allemande, dont l'article 26 du traité de commerce de 1862, repris par la convention du 12 octobre 1871, nous étend le privilège; législation fixée par les deux lois de 1870 et publiée en 1881 par notre ministère compétent*, dans les *Annales du Commerce extérieur* (série 3, n° 2229, en demander la délivrance gratuite aux bureaux du boulevard Saint-Germain, n° 246).

» Il faut enseigner et faire savoir que ces deux lois sont plus absolues et plus formelles encore que notre jurisprudence tronquée, puisqu'elles protègent le modèle artistique autant que le modèle industriel. Mais pour se conformer à ces prescriptions, il faut que nos négociants fassent œuvre légale; ils n'en ont pas le temps.

» Les ouvriers allemands viennent à Paris, ils inondent la France; ils font abaisser par leur concurrence les salaires des nôtres; ils usurpent nos procédés; nous voyions tantôt, dans une maison du faubourg Saint-Antoine, des ameublements entiers sculptés sur pièces venues d'Allemagne, des marqueteries d'outre-Rhin bariolées de fautes d'orthographe en leurs devises gothiques, des bois taillés à Nuremberg, des cuirs de vache estampés venus de Thuringe; il fallait à toute cette brocanterie des racoleurs prussiens; on les a mandés : la grève a spécialement frappé cette maison.

. . . .

» Que faire contre l'invasion lente? Savoir où elle se répartit, connaître ses mots d'ordre, pénétrer ses embrigadements.

» Le premier point serait de dresser une carte allemande de la France, signalant toutes les villes, toutes les usines, tous les ateliers, tous les emplois occupés chez nous par les Allemands. Il importe aussi de dresser parallèlement une carte de l'Europe germanisée, et pour ce faire, que faut-il? Instituer un corps de contrôle libre qui fasse la police de tous.

» Nous avouons que notre corps consulaire est mal renseigné, que les progrès accomplis par la loi depuis 1870 sont encore au-dessous de son rôle, que ce serait folie de lui demander, comme nos voisins le font à l'abri de leur autoritarisme, des informations volantes sur l'état français des marchés qu'il surveille, nous applaudissons d'avance aux efforts que tentera la commission que M. Dietz-Monin préside et dont fait partie M. Félix Faure, un des vice-présidents de la *Ligue des Patriotes*, mais nous ne pensons pas qu'il faille emprunter à nos voisins leur système de dédoublements, si fécond pour un pays jeune, mais chez nous si compromis par de séculaires expériences.

» L'œuvre que nos consuls ne peuvent plus accomplir, cette œuvre de courtiers officiels qu'on n'oserait exiger d'eux, nous pouvons l'effectuer sans mandat et couvrir la terre d'un réseau d'agences. Mais c'est une organisation spéciale qu'il nous faut.

» Il faut que quelqu'un s'en charge et y supplée. N'avons-nous pas là justement une association toute formée et toute prête dans cette *Ligue des Patriotes*, dont une des formules est la *Défense* et le *Relèvement de la Patrie?*

» Ne devrait-elle pas faire place dans son œuvre à une section spéciale dite *Ligue d'économie politique*, où se centraliseraient et se grouperaient tous les renseignements nécessaires à cette œuvre de patriotisme commercial qui est inséparable de toutes les autres formes du patriotisme? La force de l'argent est une force nationale que nul sage Français ne doit négliger, et au maintien de laquelle tout patriote doit veiller, tout en dirigeant l'action et en en choisissant le but ».

On nous pardonnera cette citation un peu longue, mais que nous pouvions d'autant moins abréger qu'elle renferme en d'excellents termes et le renseignement que nous tenions à vous donner et la requête que nous avions à vous adresser.

Si tout ce que nous avons dit, rappelé ou lu aujourd'hui, vous met au cœur la même inquiétude patriotique que celle que nous ressentons nous-mêmes en vous parlant, aucun et aucune de vous n'hésitera, j'en suis sûr, à former avec nous et autour de nous cette ligue de résistance pacifique. Que nos commerçants français, qui ne peuvent vouloir ni la ruine de nos producteurs, ni le chômage de nos ouvriers, cessent d'aller grossir les revenus de nos adversaires; qu'ils songent à faire vivre la France, car il n'y va pas de moins; qu'ils y songent et qu'ils s'y engagent. Que, de son côté, le consommateur, qui est tout et qui peut tout, signe sur nos registres le pacte de la protection nationale, décrété par la nation même. Qu'il consente à payer d'abord un peu plus cher ce que le redoublement de la production française lui permettra bientôt de payer moins cher. Qui vend mille peut faire dix fois plus de rabais que qui vend cent.

N'y trouvât-on d'ailleurs ni personnellement ni matériellement aucun intérêt présent ni futur, que le salut de la fortune publique mériterait bien ce sacrifice et ce secours de tous. Notre conviction pourtant est que nul n'y perdrait, et que la France y gagnerait beaucoup. Ce double engagement du vendeur et de l'acheteur une fois admis, ou même ce simple éveil sur le danger commun donné au pays, ce serait alors une véritable recommandation pour tout patriote, inscrit ou non à la Ligue, que de lire sur une vitrine ou sur une facture ces trois initiales L. D. P., surmontées de ces deux mots : Articles français.

Les acheteurs étrangers eux-mêmes seraient reconnaissants de ce certificat d'origine. Car, à l'heure qu'il est, tout voyageur en quête de souvenirs authentiques risque fort de rapporter de France des velours de Lyon fabriqués à Crefeld, des soieries de Saint-Étienne originaires d'Elberfeld, des dentelles du Puy exécutées dans l'Erzgebirge, des draps d'Elbeuf tissés à Aix-la-Chapelle, des rouenneries wurtembergeoises, des faïences limousines du Brandebourg; du baccarat de Rheinfeld ou de Zuglin, du vin de Champagne de Dresde, des jouets nationaux de Nuremberg, des bijoux parisiens de Berlin, et jusqu'à des sabres d'officiers français de Solingen ou de Spandau.

Il y a dans cette énumération — très incomplète — la part des hommes, la part des femmes et la part de tous; c'est donc sur tous que nous comptons, nous fiant à chacun pour organiser sur chaque point spécial sa part de résistance ou d'abstention.

Mais là, comme ailleurs, le rôle des femmes doit encore être prépondérant, non pas seulement parce que le triomphe d'une idée dépend beaucoup d'elles, mais parce que, à leur insu, les trois quarts des objets qui composent leurs toilettes sont aujourd'hui de fabrication allemande. Moins occupées, et par conséquent moins pressées que nous, elles ont le temps de s'enquérir de la provenance de ce qu'elles achètent. Nous pressentons bien que la réponse sera rarement sincère, mais la question faite et renouvelée servira d'avis pour l'avenir au vendeur, j'allais dire au recéleur d'objets prussiens.

Vous vous étonnez peut-être, Mesdames, vous vous indignez peut-être aussi de nous entendre expliquer avec tant de détails, examiner sous tant de faces une question purement matérielle, une question, — le mot a été dit, — une question de boutique.

Eh bien, oui! Nous ne voulons pas que la boutique prussienne ruine la boutique française, car des revenus de cette boutique vivent des hommes de notre race et de notre sang; oui, nous nous intéressons passionnément à tous ces milliers de travailleurs de toutes sortes et de toutes conditions;

oui, tout ce qui fait le bonheur de notre nation nous est cher, comme nous est également cher tout ce qui fait sa gloire, sa force et sa grandeur; et puis, enfin, ce n'est pas seulement la fortune de la Patrie que nous défendons, c'est aussi le budget de sa délivrance.

Pendant la captivité du roi saint Louis, fait prisonnier à Damiette, cette vieille chanson courait les châteaux et les chaumières :

Filez, filez, femmes de France,
Pour la rançon du roi Louis.

Nous vous disons, nous, et puisse ce refrain être entendu là-bas de ceux qui nous écoutent :

Veillez, veillez, femmes de France,
A la rançon des envahis.

Et vous y veillerez, n'est-ce pas? Et vous ne serez pas seulement les sentinelles et les soldats de cette croisade contre l'empiétement germanique, vous en serez aussi les missionnaires et les guides.

C'est vous qui ferez comprendre à vos maris, à vos fils, à vos frères, à vos pères même, qu'il n'y a d'irréalisable en France que ce à quoi vous n'aidez pas; vous leur enseignerez les petits côtés des grands devoirs, et la grande force des petits efforts, et vous leur ferez prononcer à tous, en la prononçant vous-mêmes, la formule de serment de la Ligue :

« **Nous nous engageons à poursuivre par tous les moyens en notre pouvoir le relèvement complet de la Patrie** ».

III

Si importante que soit la troisième question qui me reste à traiter devant vous, Messieurs, je me suis trop longuement étendu sur les deux premières pour pouvoir lui donner tout le développement qu'elle comporterait. Voici donc à grands traits notre idée générale sur la défense des colonies françaises contre leur exploitation par les étrangers.

Il y a trois procédés de politique coloniale : le premier, le plus naturel et le plus pratique, est d'avoir des colonies et d'y avoir des colons, c'est le procédé anglais; le second, moins naturel, mais très pratique encore, est d'avoir des colons sans avoir de colonies, c'est le procédé allemand et italien; le troisième qui n'est ni naturel ni pratique, est d'avoir des colonies sans avoir de colons; c'est le procédé français.

Il est en effet certain que l'histoire de notre politique coloniale depuis cinquante ans pourrait se résumer ainsi : la France conquiert par ses soldats et défriche par ses pionniers des territoires que vient exploiter l'étranger. Nous reconnaissons que la faute en est à nous, à nos familles peu nombreuses, à notre instruction insuffisante, et enfin aussi à notre attachement au sol dont parlait Danton. Ces causes se modifieront-elles et le mouvement colonial qu'on cherche à produire aura-t-il son plein effet? L'avenir seul nous le dira. Mais notre premier devoir est de chercher à porter un prompt remède à la situation présente.

Le mal n'est pas que nos territoires, inoccupés par nous, soient occupés par les étrangers, il n'est au contraire rien de plus utile, quant à présent; mais que les étrangers y trafiquent spécialement avec leurs nationaux, il n'est alors rien de plus nuisible. Le comptoir d'un Allemand installé au Sénégal, à la Martinique ou à Hanoï même, n'est aujourd'hui qu'une véritable succursale d'un autre comptoir allemand établi à Berlin, à Dresde ou à Hambourg. Ces étrangers ont bien raison d'être fidèles à leur mère Patrie, mais notre mère Patrie, à nous, a bien tort de ne pas leur faire un peu payer cette fidélité qui la ruine.

Nous repoussons formellement la doctrine économique qui affirme que les colonies ne sont qu'une extension du nom; les colonies sont une extension du commerce ou elles ne sont rien. Nul n'est assurément plus sensible que nous à la gloire du drapeau ou du pavillon, mais nous sommes à une heure de crise nationale où toute dépense de forces doit être compensée par une acquisition d'autres forces, et ce n'est pas rabaisser l'honneur des armes que de vouloir que la mort des nôtres serve à la vie des nôtres.

Le *pacte colonial* contraignait jadis la colonie à ne vendre ses produits qu'à la métropole, et à n'acheter que les produits de la métropole, restriction gênante et onéreuse que nous ne voudrions voir rétablie qu'en partie. Laissons la colonie libre de vendre à qui elle peut et à qui elle veut, mais demandons-lui des faveurs pour sa métropole.

Le traité de Francfort et tout autre traité de commerce n'engagent que la France continentale : la France coloniale est libre. Que l'État en profite pour assurer là-bas à nos nationaux les droits protecteurs qu'il ne peut plus lui accorder ici : qu'il ouvre au commerce français un débouché qui lui est aujourd'hui fermé par les mêmes gens, pour les mêmes causes et par les mêmes procédés. Des taxes égales créent une situation inégale toute à notre détriment : c'est bien le moins que nous nous favorisions nous-mêmes.

Nous proposerions donc d'abolir l'article 2 du sénatus-consulte de 1866 sur l'octroi de mer et de le remplacer par une loi conçue dans cet esprit : *Sont exempts de tout droit dans nos possessions maritimes, les objets manufacturés de provenance française*. Peut-être faudrait-il aussi accorder en même temps à nos commerçants coloniaux une protection et une faveur légitimes en les dégrevant de tout ou de partie de l'impôt de patente.

Il ne nous appartient d'ailleurs pas de spécifier et de limiter le genre de protection à accorder, non plus que l'espèce des marchandises à protéger. La discussion de notre proposition par le parlement et par la presse compléterait et préciserait ce qu'elle a forcément encore de vague et d'incomplet.

Notre but est, avant tout, d'attirer l'attention publique sur le déclin de la prospérité française et sur l'urgence qu'il y a à la relever.

Il nous paraît inutile d'expliquer que le même système économique, qui a pu être profitable à la France victorieuse, a pu devenir nuisible à la France vaincue.

Mais nous ne faisons pas une théorie de nos conseils, ni libre-échangistes malgré tout, ni protectionnistes quand même, nous disons seulement que depuis le traité de Francfort et beaucoup de par ce traité, les exportations de nos vainqueurs ont augmenté de quatre milliards, tandis que les nôtres ont diminué de quatre cents millions.

Quant aux différents remèdes proposés par nous contre les diverses formes d'un même mal, — l'invasion allemande en hommes et en marchandises, — nous persistons à croire qu'il n'en est pas de plus efficaces que le groupement des résistances individuelles en résistance collective.

Aussi bien cette coalition pacifique n'aurait pas pour seul résultat de nous défendre contre la ruine, elle nous aiderait encore à sortir plus complètement de cet état tributaire et dépendant où nous a réduits la défaite.

IV

LA MADONE DE LA PATRIE

Depuis plusieurs années, les Sociétés alsaciennes-lorraines de Paris se sont attachées à donner un grand éclat à la manifestation qu'elles conduisent le 14 juillet, jour de fête nationale, de la gare de l'Est à la statue de Strasbourg, érigée sur la place de la Concorde, entre ses sœurs les villes de France. La Ligue des Patriotes, considérée par les Sociétés alsaciennes-lorraines comme leur sœur, n'a jamais manqué à ce pèlerinage patriotique, dont M. Paul Déroulède a apprécié comme il suit les inébranlables espérances :

Le Patriotisme, qui est aussi une religion, a ses symboles et ses rites, comme il a ses apôtres et ses martyrs.

Tous les ans, au 14 juillet, depuis que ce jour est jour de fête nationale, une foule nombreuse vient en pèlerinage au pied de la statue de Strasbourg.

On pavoise la Madone de la Patrie, on la pare et on la décore.

Elle est la divinité de la douleur vengeresse, et aux trois couleurs de la France se mêle le ruban vert et noir de la Ligue, et aux couronnes d'immortelles funèbres les bouquets de fleurs vivaces.

Elle est l'image du deuil et de l'espoir. Jeunesse des écoles, gymnastes français, fils d'ouvriers ou de bourgeois, toute la France adolescente et déjà virile courbe devant elle son front ému, et lui consacre son cœur et ses bras. Et qu'on ne croie pas que ce soit la Ligue des Patriotes, non plus que la fédération d'Alsace-Lorraine, qui conduise cette fête, il n'y a qu'une réunion spontanée de bons Français, où tous sont Alsaciens-Lorrains, tous étant patriotes.

Jamais peut-être la cérémonie n'a été plus touchante et plus belle que cette année; jamais les fidèles plus nombreux; jamais l'idole plus parée et plus resplendissante avec ses ex-voto symboliques et son arc-en-ciel de drapeaux.

Il semble que les protestataires de France aient eu à cœur de rassurer les protestataires d'Alsace-Lorraine.

C'est une éclatante réponse à ce doute : « Pense-t-on encore à nous, là-bas, nous aime-t-on encore? »

Oui, Strasbourg, oui, Metz, oui, Mulhouse, oui, chères cités captives, oui, la nation pense toujours à vous et vous aime toujours! Oui, elle ne se sentira libre que quand vous serez délivrées.

Le grand Français qui est mort n'a pas inutilement vécu. Il nous a indiqué la route, enseigné le devoir, légué l'exemple.

Le patrimoine des forces acquises qu'il nous a transmis, nous ne l'avons pas laissé amoindrir, et nous ne le laisserons pas dilapider.

A sa grande volonté disparue suppléeront des milliers de bonnes volontés nouvelles.

La foudre a broyé le roc qui nous servait de rempart, mais les pierres du chemin se sont levées d'elles-mêmes; la brèche est réparée, la muraille est rétablie : la France est forte.

V

DISCOURS DE L'HIPPODROME

sur les Sociétés de gymnastique (11 novembre 1883).

C'est à l'occasion de ce premier concours de l'Association des gymnastes de la Seine que M. Déroulède prononça, le 11 novembre 1883, à l'Hippodrome, le discours suivant, où il a résumé d'une manière saisissante l'historique et le rôle des sociétés qui composent ce vaillant groupement :

Mesdames,
Messieurs et chers camarades,

S'il est une chose odieuse à la fierté humaine, créatrice de haine et de conflit, mère d'iniquité et d'oppression, une chose qui soit l'obstacle à tout progrès et la destruction de toute justice, c'est la Force ; et pourtant s'il est une chose bienfaisante et tutélaire, une chose réparatrice et vengeresse, qui soit le levier de toute liberté, de toute émancipation, l'instrument de toute protection et comme la main de justice de l'humanité même, c'est la Force.

D'où vient, Messieurs, que deux effets si contraires puissent naître d'une même cause? C'est qu'il en est de cela comme de l'eau du ciel par qui sont également formés le torrent qui roule des quartiers de roc, dévaste les moissons et renverse les villages, et le fleuve paisible et puissant qui porte les navires, désaltère les riverains et féconde les vallées; c'est qu'il y a des nations chez qui la Force prime le droit et qu'il y en a d'autres chez qui la Force sert le droit, le défend ou le délivre, le relève ou le rétablit.

Telle est, Messieurs, cette force qu'accumule comme un trésor d'espérance, comme une ressource suprême, la robuste jeunesse qui vient de faire battre à la fois vos cœurs et vos mains.

. . . .

On ne plaide pas une cause gagnée, on ne défend pas ce qui est acclamé.

Mais si l'apologie de la gymnastique mérite d'être faite par la gymnastique même, si vous avez reconnu par vos yeux l'utilité essentielle et les résultats considérables de cette éducation fortifiante et vivifiante, encore faut-il que vous sachiez tout ce que valent moralement ceux dont vous venez d'applaudir la valeur physique.

Combien de vous ignorent, en effet, au prix de quels efforts, par suite de quelle persévérance, avec quel désintéressement et quel esprit de sacrifice ces jeunes Français vous préparent des défenseurs solides et des soldats résolus à tout pour la Patrie!

Ce que vous leur avez vu faire ici, ce qui leur a mérité vos applaudissements et vos sympathies n'est cependant qu'une partie de leur tâche et qu'une moitié de leurs exercices. Les trois quarts de ces gymnastes se forment aussi au maniement des armes, beaucoup d'entre eux sont d'habiles tireurs, beaucoup savent lire des cartes et guider des reconnaissances. Ils s'exercent à parcourir les forêts comme à franchir les montagnes — et ils savent quelles forêts ils auront à parcourir, quelles montagnes ils auront à franchir. — Ils apprennent à traverser les fleuves à la nage, — et ils savent où coule le fleuve qu'ils auront à traverser.

Vous le voyez, Messieurs, c'est une véritable école préparatoire de sous-officiers et de soldats qu'organisent ainsi ces vaillantes corporations. Organisation toute spontanée, toute individuelle même. Ces jeunes gens paient de leurs personnes et de leurs bourses; nous sommes véritablement tous leurs débiteurs, car c'est en prenant sur le temps de leurs plaisirs ou de leur repos, sur l'argent de leurs distractions ou de leur bien-être qu'ils sont arrivés à former toutes ces fières phalanges. A une époque où tout est réglementation et loi, où le service obligatoire enlève la possibilité et jusqu'à l'idée même des enrôlements, on peut dire qu'ils sont les seuls, les derniers volontaires de la France.

Les derniers, non! ni les seuls. Il en est d'autres que je ne peux pas, que je ne dois pas oublier, plus vraiment volontaires encore que quiconque ceux-là, et plus que quiconque dévoués à la France, ayant fait abnégation pour elle de leurs volontés et de leur goût, de leurs affections et de leurs libertés, lui abandonnant leur existence entière et leur vie même; travaillant sans cesse et sans relâche à rendre notre sécurité plus grande, notre influence plus forte et notre indépendance plus complète. Est-il besoin de nommer qui je veux dire et ne saluez-vous pas tous avec moi notre admirable corps d'officiers que ceux-là seuls peuvent méconnaître qui ne les connaissent pas, et que tous ceux-là aiment, estiment et respectent qui les ont connus.

Ce sont eux qui sont nos modèles et nos guides, c'est en pensant à eux que nous travaillons. Aussi est-ce avec une joie patriotique que nous les remercions d'être venus assister à cette fête. Leur présence en si grand nombre, et j'ajouterai leur présence en uniforme, prouve qu'ils ont compris le but de notre œuvre. Ils sentent que nous sommes le trait d'union entre le passé d'hier et l'avenir..., l'avenir de demain peut-être. Et ce sont leurs futurs contingents, leurs futurs cadres qu'ils nous ont fait l'honneur de venir passer en revue aujourd'hui. Les témoignages de leur satisfaction ont donc et doivent donc avoir un prix tout particulier pour vous, mes chers gymnastes; ces mains qui vous ont applaudis portent le drapeau et l'épée de la France.

Jamais consécration meilleure ne pouvait être donnée à cette fête française. Soyez sûrs, du reste, que, si frappés qu'ils aient été de votre discipline et de votre bon ordre, de votre tenue martiale et de votre vigoureuse démarche, si ravis qu'ils soient du spectacle de votre agilité, de votre souplesse, de votre force, ils ne sont pas moins touchés, pas moins émus par le bon esprit qu'atteste en vous la devise de votre association : Patrie! devise qui explique si bien le but de vos efforts, si nettement l'impartialité de vos œuvres et que vous avez pris le soin pieux de placer ici, juste en face des armoiries de l'Alsace et de la Lorraine, comme pour répondre à ces souvenirs de deuil par ce mot de protestation.

Et pour ajouter à ce que cette devise a d'apaisant et de conciliant, vous avez voulu l'appuyer encore par ce commentaire qui est une règle inscrite dans tous nos statuts et respectée par tous nos sociétaires : « Les discussions politiques sont interdites ».

Ah ! Messieurs, que de sagesse dans ces jeunes têtes, et quel dommage que nous ne soyons pas tous un peu gymnastes, en France ! Quel dommage que l'émotion sacrée et unanime qui s'est emparée de nous tous au passage du drapeau voilé de crêpe des Alsaciens-Lorrains soit si souvent dispersée en nous au souffle de nos colères et de nos rancunes, au bruit de nos divisions et de nos querelles ! Ah ! si ce que chacun de nous veut au fond du cœur, ce que chacun de nous espère séparément, nous l'espérions, nous le voulions tous ensemble !

L'union devant le danger n'est pas douteuse, mais pourra-t-elle ce que peut l'union avant le danger ! en prévision du danger ! pour la Défense ?

. . . .

. . . .

Ce qui doit vous toucher, ce qui me touche, moi, profondément, c'est de voir un si grand nombre de femmes dans cette réunion. Vous savez tous, n'est-ce pas ? et vous me l'avez souvent entendu répéter, la grande importance que j'attache à leur sympathie pour notre œuvre. Chez aucun peuple autant que chez le nôtre, elles n'ont cette pénétrante influence qui fait rapidement triompher les idées qu'elles servent et qui peut invinciblement enrayer celles qu'elles combattent. Si loin qu'elles restent du champ de bataille c'est pourtant de leurs adieux que peut dépendre un jour la victoire, c'est aussi, c'est surtout de leurs conseils ou de leurs inspirations, de leurs encouragements ou de leurs blâmes, que pourraient plus promptement surgir le réveil de nos fiertés et l'ardent besoin de notre indépendance. Ce n'est pas seulement : *telles mères, tels fils*, qu'il faut dire, c'est aussi : *telles Françaises, telle France.*

VI

DISCOURS DE CAHORS

(15 avril 1884).

Le lundi 15 avril 1884, au lendemain de l'inauguration de la statue élevée par Cahors à Gambetta, les négociants et les écoles de la ville allèrent saluer le monument qui perpétue la mémoire des mobiles du Lot morts pendant la guerre de 1870-71. M. Déroulède, au milieu d'une grande affluence de paysans et d'ouvriers, prononça le discours suivant, où son éloquence nous semble avoir rencontré ses formes les plus caractéristiques et les plus hautes :

La Revanche, c'est la guerre d'orgueil blessé et de haine envieuse qu'un peuple vaincu veut faire à son vainqueur; c'est la guerre que la Prusse, réparée et même agrandie, dès 1815, a préparée contre nous depuis Iéna. La Revendication, c'est le droit qui se relève, la justice qui s'arme, l'équité qui combat : c'est la guerre sainte qu'un peuple conquis doit faire à ses conquérants.

Rappelons-nous cette inoubliable protestation de Bordeaux : « *la revendication de nos droits reste à jamais ouverte à tous et à chacun* », et souvenons-nous de ces admirables protestataires d'Alsace-Lorraine, qui sont aux mains du vainqueur depuis quatorze ans, et qui votent pour nous, qui luttent pour nous, qui souffrent pour nous, aussi fidèles qu'au lendemain, aussi dévoués que la veille.

Notre premier devoir n'est-il pas de protester, de lutter, de revendiquer, nous aussi?

Qu'importe l'âge ou le sexe, le rang ou la force! Il n'est pas de petite revendication, il n'en est pas d'inutile.

Une parcelle de Droit est toujours un droit. Que tous et chacun servent la cause et proclament l'idée.

Vous, écoliers et écolières qui m'écoutez, revendiquez pour les enfants d'Alsace-Lorraine le droit de reparler la langue de leurs pères, de chanter les chansons de France, d'aimer les petits français et les petites françaises comme vous, et de porter comme vous, dans leurs fêtes, les trois couleurs de la Patrie.

Revendiquez, vous collégiens, revendiquez pour vos camarades des Universités de Metz et de Strasbourg le droit d'entendre parler de la France autrement qu'en allemand, d'apprendre notre histoire nationale autrement que faussée et que travestie, et de rester français d'esprit et d'éducation, comme ils le sont restés de cœur et de sentiment.

Vous, mères de famille, vous sœurs, vous fiancées, revendiquez pour les Alsaciennes, revendiquez pour les Lorraines le droit de conserver auprès d'elles leurs fiancés, leurs frères ou leurs fils, sans crainte que le recruteur prussien ne surgisse, ne les enlève et ne les envoie apprendre à tirer contre la France, sous les ordres et sous les coups de quelque capitaine de la Poméranie ou du Brandebourg.

Nous tous, Français, revendiquons, pour ces Patriotes fidèles qui nous aiment et qui nous regrettent là-bas, le droit de nous regretter et de le dire, le droit de nous aimer et de l'écrire sans être frappés d'amendes ruineuses; sans être jetés en prison; sans être expulsés de leur pays natal de par le bon plaisir de l'étranger; revendiquons enfin pour la France le droit de redevenir la France!

Faisons tout, osons tout, tentons tout pour faire disparaître de la carte du monde la trace visible et indéniable de notre diminution et de notre déchéance. . . . .

Il n'est pas de compensation coloniale qui nous relève. Tant que ce qui était à nous n'est pas à nous, nous restons un peuple subalterne que l'Allemagne tient par l'Alsace-Lorraine, comme on tient un gamin par l'oreille.

La date du devoir reste incertaine; la nécessité du devoir ne l'est pas.

Et quand le devoir aura été accompli, ce n'est pas nous seuls que nous aurons libérés.

Nous ne sommes pas les seuls opprimés, les seuls menacés, les seuls défaits. L'Europe entière souffre de la prépondérance de cet empire du milieu qui a quatre mains pour prendre et quatre frontières pour envahir, qui menace tour à tour l'Ouest et l'Est, le Nord et le Sud. Il n'est pas un État que cette Prusse n'ait dépouillé de quelque chose, territoire ou influence, rang ou fortune. Il n'est pas une nation que cette Prusse n'alarme et sur laquelle elle n'ait formulé quelques droits. C'est cette Prusse qui force le genre humain à revêtir la lourde armure qui nous écrase, qui le met en demeure d'être toujours prêt à payer le sanglant tribut des batailles. Cette Prusse est le Minotaure des peuples, il faut que notre France en soit le Thésée.

. . . .

. . . .

VII

DISCOURS DE BUZENVAL

L'anniversaire de Buzenval fut célébré le 17 janvier 1886 avec l'éclat accoutumé, malgré l'incident fâcheux de l'apparition de plusieurs drapeaux et bannières rouges. La Ligue des Patriotes, l'Union des sociétés d'éducation militaire de la Seine et la plupart des autres sociétés de gymnastique, de tir ou de propagande patriotique, se refusèrent à suivre le cortège officiel. Déplorable abus de pouvoir, dont quelques députés se sont attribué la responsabilité : ces emblèmes séditieux avaient été reçus. Il y eut donc deux manifestations, mais aucune d'elles ne se départit du calme et du respect commandés par les douloureux et glorieux souvenirs de ce jour.

MESDAMES, MESSIEURS,
MES CHERS CAMARADES,

C'est tout ému encore d'indignation et de tristesse que je prends aujourd'hui la parole.

Est-il, en effet, rien de plus cruel pour moi, pour nous tous, mes amis, que de rencontrer ainsi continuellement, à ces fêtes sacrées du devoir national, ces évocations de l'émeute et de la guerre civile?

Nous venions ici, guidés par le drapeau tricolore, chercher la concorde et le ralliement, et par deux fois déjà, c'est le drapeau rouge que nous y trouvons.

Je proteste au nom de la *Ligue des Patriotes,* au nom de toute cette jeunesse qui consacre ses forces et son temps, qui sacrifie ses plaisirs et son argent même à la France, je proteste contre le déploiement de pareils emblèmes en tel lieu, à une telle heure, pour une telle solennité.

L'unité de drapeau n'est pas moins essentielle à notre nation que l'unité de loi, dont il est le symbole.

Mais détournons les yeux de ce mauvais spectacle.

Aussi bien, vous n'êtes pas de ceux qu'il faut convaincre, et ceux que je voudrais convertir ne sont pas là.

Revenons à nos morts, mes amis, saluons leur souvenir, honorons leur mémoire par un recueillement où s'apaisent toutes les rancunes, où se taisent tous les griefs et au-dessus duquel plane, sans haine comme sans colère, la grande image de la Mère Patrie!

. . . .

De ce long calvaire, qui a commencé pour Paris avec l'investissement et qui s'est terminé par le supplice de la capitulation, il n'est pas de station plus sacrée, il n'en est pas de plus glorieuse que les champs de bataille de Buzenval et de Montretout.

Cette gloire et cette consécration ne viennent pas seulement de ce que c'est ici que sont tombés d'illustres soldats, comme Coriolis, comme Rochebrune, comme l'immortel Henri Regnault, il y a eu dans ces plaines quelque chose de plus qu'une armée en ligne, il y a eu un peuple.

. . . .

. . . .

Quelle folie et quelle imprudence est la leur pourtant de venir étaler aujourd'hui même, sur les tombes de nos morts, le souvenir de nos dissensions! Comment ne comprennent-ils pas que c'est ici moins que nulle part le lieu de faire outrage au drapeau tricolore? Rien ne les éclairera donc? Rien ne les retiendra donc? Ils trouveront donc partout des complaisants pour leurs désordres et des complices pour leurs rébellions à la loi!

Hélas! Messieurs, notre France n'a cependant pas trop de toutes ses forces! Nous ne sommes déjà pas si sûrs de notre lendemain national pour nous livrer entre nous à toutes ces fantaisies coupables qui nous divisent et qui nous groupent en camps hostiles.

Comment ne pressent-on pas que toutes ces discordes intérieures, partout fomentées, équivalent réellement à une entente avec l'ennemi!

Comment ne voit-on pas que tout ce qui diminue la France grandit l'autre!

Ah! mes amis, lisez ce que publient quotidiennement contre nous tous les plumitifs de l'autre côté du Rhin! Voyez les tableaux qu'ils font de la France, les portraits qu'ils tracent des Français.

Les docteurs allemands succèdent aux docteurs allemands pour pronostiquer notre mort et en démontrer les symptômes.

« Les Français se meurent des fièvres paludéennes de la politique », dit l'un. « Hommes sans foi, Nation sans loi, peuple à remplacer », dit l'autre.

Et à propos d'incidents semblables à celui qui vient de se renouveler encore tout à l'heure, n'ai-je pas trouvé dans le dernier pamphlet du docteur Rommel ce passage d'une cruelle et sanglante ironie : « Que pensez-vous d'un pays dont le Parlement en est réduit à proposer et à voter cet ordre du jour (26 mai 1885) : *La Chambre, confiante dans la fermeté du Gouvernement à faire respecter le drapeau national, passe à l'ordre du jour?* ».

Et j'ajoute, moi, que pensez-vous d'un pays dont le Parlement a proposé et voté cet ordre du jour et qui trouve des députés pour y contrevenir, un commissaire de police pour les y aider et un maire pour tout accepter?

C'est pourquoi je vous le dis, Patriotes, la tâche immédiate de la Ligue est de lutter, avant tout, contre cette désagrégation intérieure.

Avant de secourir la Patrie en danger, secourons l'État au déclin; prêchons-nous les uns aux autres le respect de la loi d'où naît la liberté juste; le sacrifice de chacun au bien de tous d'où naît la solidarité nationale; la vigilance et le dévouement aux intérêts du travail français d'où renaîtra la prospérité publique.

L'heure viendra peut-être où, moins autoritaires, sinon plus libéraux, nous verrons accorder sans peine à l'individu plus d'expansions et plus de droits; mais ce ne sera jamais qu'au lendemain du jour où la Justice et la Paix réconciliées dans la gloire s'embrasseront sur les bords du Rhin.

D'ici là ne laissons se disperser aucune de nos forces.

En attendant l'Année glorieuse, soyons les fidèles exécuteurs de la suprême volonté de l'année terrible. Cette volonté, ce monument l'atteste comme l'attestent aussi toutes ces pierres funèbres dressées partout sur le sol de France.

Elles disent : « Ici reposent des hommes qui se

sont fait tuer pour ne pas livrer leurs frères ».

Répondons-leur : « Ici vivent des hommes qui feront tout pour les délivrer ».

Et cette délivrance ne sera pas seulement justice, elle sera sagesse. Toutes les autres libérations, tous les autres relèvements en dépendent.

Notre prospérité ne sera réellement établie, notre assujettissement n'aura disparu, notre réconciliation nationale ne sera faite, la République même ne sera fondée que lorsque l'Alsace et la Lorraine seront revenues à la France.

Nous ne serons libres que lorsque nous serons libérés.

VIII

LE VOYAGE EN EUROPE
du Président de la Ligue

En 1886, Paul Déroulède entreprit en Europe un grand voyage de propagande au cours duquel il s'efforça de faire aimer la France et de nouer des amitiés qui, l'heure venue, pussent nous servir contre l'Allemagne. Il est permis de dire qu'il fut un des promoteurs du rapprochement avec l'Italie, et de l'alliance avec la Russie. A son retour, il prononça devant les ligueurs le discours suivant :

. . . .

Patriotes,

Je vous remercie, non pas seulement pour les quatre années de confiance et de solidarité que nous avons vécu ensemble; je vous remercie aussi, et surtout, pour le soir inoubliable de mon retour. Vos serrements de mains et vos acclamations ont été et seront à jamais la plus haute et la meilleure récompense de tous mes efforts pour notre pays. A ceux qui s'étaient demandé quels avaient été les motifs de mon voyage, vous avez instinctivement fait, ce soir-là, la plus claire, la plus éclatante réponse. Oui, n'est-ce pas? vous aviez tous et toutes bien compris qu'il ne s'agissait pas là d'une excursion de touriste ni d'un voyage de fantaisie, et que l'homme qui doit à votre confiance l'honneur d'être, dans sa Patrie, la sentinelle avancée du parti protestataire, n'avait le droit de sortir de France que pour en devenir l'éclaireur volontaire à l'étranger.

⁂

J'ignore, Messieurs, si ma nation m'appellera jamais à la servir à un autre rang que celui que j'occupe parmi vous, à un autre poste qu'à l'avant-garde de l'armée des Vosges; mais je sais que ce poste et ce rang suffisent à mon ambition.

J'affirme même que ma préoccupation constante de m'instruire en tout ce qui peut toucher aux intérêts de ma Patrie a pour premier objectif et comme but suprême la direction de la *Ligue des Patriotes.*

C'est pour cela que je me suis fait au dehors le missionnaire de notre idée, aussi curieux d'étudier l'Europe que jaloux de lui faire discerner, à travers nos surfaces agitées, le flot profond et calme de notre Nation de travailleurs et de soldats.

Je n'ai montré de notre démocratie que ce qui fait son honneur et sa force : sa fidélité aux provinces perdues, ses inépuisables sacrifices pour l'armée; je n'ai affirmé de mes opinions que celle dont mon silence eût fait douter; et sans entrer dans nos subdivisions de doctrines, j'ai déclaré hautement que j'appartenais aussi, moi, à cette grande maison de France qui s'appelle *la République*. J'ai manqué là, je ne l'ignore pas, à l'impartialité de notre Ligue. Elle est ouverte, je le sais, je le vois, et je m'en réjouis, aux hommes de tous les partis. Nul moins que nous n'a jamais prononcé en France l'excommunication de tels ou tels Français. Ce n'est pas nous qui dirons jamais qu'on exproprie les républicains en confiant à d'autres hommes capables de les remplir d'importantes fonctions dans l'État. Nous sommes, nous avons toujours été, selon le beau mot, selon le grand exemple de Gambetta, pour l'adjonction des capacités, et les pires ennemis de la République nous paraissent encore moins ceux qui veulent la servir, même sans l'aimer, que ceux qui ne veulent que s'y placer eux-mêmes et leurs amis, même sans la servir.

Mais la frontière une fois franchie, ce n'est ni avec des réticences ni avec des ambiguïtés que l'on doit parler du gouvernement de sa Nation. Ne pas déclarer que nous comptons sur les armées de la République pour l'indépendance et pour le relèvement, c'est nier le présent au profit de je ne sais quel avenir; c'est détourner toutes les confiances, ajourner tous les rapprochements, décourager même toutes les sympathies et tous les respects de l'étranger.

Aussi, sans en faire nulle part une propagande, je n'ai nulle part caché ni à qui que ce soit mes convictions républicaines.

⁂

Est-ce à dire que j'ai toujours et partout approuvé les concessions de nos gouvernants? excusé même les empiétements de nos représentants? préconisé comme un modèle cette éternelle confusion du pouvoir exécutif et du pouvoir législatif? Assurément non, et je n'aurais fait là, je dois le dire, qu'une apologie mensongère, aussi inutile à ceux que j'aurais défendus que nuisible à notre propre cause. Non, je n'ai ni dit ni laissé croire que tout était pour le mieux dans le meilleur des parlementarismes; mais j'ai mieux fait que de discuter ces choses, je m'en suis tu. Je n'admets, en effet, pas plus que les peuples étrangers se mêlent de notre politique intérieure, que je ne nous trouve le droit d'intervenir jamais dans la leur.

⁂

Ceci dit pour n'y plus revenir, parcourons ensemble, par l'esprit, cette Europe si germanisée en apparence et voyons jusqu'à quel point tous ces fronts supportent patiemment le talon de fer du chancelier.

. . . .

Un autre procédé est encore de pousser l'Italie à revendiquer Nice et la Savoie, mais je dois le dire, nos gloires communes de Magenta et de Solférino vivent encore dans tous les cœurs, et nous pouvons toujours tenir pour nos frères d'armes et d'idée tous les véritables irrédentistes italiens.

Le mouvement national est et reste irrésistiblement tourné vers Trieste.

A cela nous aurons d'autant moins à redire, que l'Autriche est aujourd'hui mariée à la Prusse et que c'est avec ces deux moitiés du pangermanisme que nous aurons sans doute à lutter pour la délivrance de l'Europe.

J'ajoute que dans les milieux parlementaires italiens, les ministériels eux-mêmes ne sont qu'à moitié satisfaits de la triple alliance. Ils voient bien ce que l'Allemagne y a gagné, ils cherchent vainement ce qu'y pourra jamais gagner l'Italie. Les dédains de l'empereur d'Autriche qui s'est refusé jusqu'ici à rendre au roi Humbert la visite qu'il en a reçue; la fameuse lettre de M. de Bismarck au pape où Sa Sainteté est traitée en roi et non en pontife; les semonces pédantes et les leçons hautaines que Messieurs les professeurs d'esthétique allemande adressent journellement aux *barbares* de Rome; enfin la récente proposition que la Prusse a faite à la France au sujet de la Tripolitaine sont de ces mille et une petites causes qui auraient pu produire de grands effets.

. . . .

Si bien disposée donc, si fraternelle même que soit pour nous la grande majorité de la nation, je serais mal avisé de prétendre que l'Italie est désormais séparée de l'Allemagne, et que la France n'a qu'à ouvrir les bras pour y voir se jeter M. Depretis.

Il m'est pourtant permis de signaler comme d'heureux symptômes les nombreuses cérémonies patriotiques célébrées, cette année-ci, sur divers points de la Péninsule et qui ont toutes trait aux glorieux combats de l'insurrection nationale. A l'une de ces commémorations, le grand, l'héroïque

Cairoli prononça même un admirable discours dans lequel sa pensée, sinon son langage, allait droit au but que visent aujourd'hui tous les patriotes italiens.

C'est au retour de cette fête de Mestre, que j'ai eu l'honneur de saluer le glorieux blessé et que je lui ai remis en votre nom une médaille de notre Ligue, car il n'est pas besoin d'être de la même Patrie pour être du même patriotisme.

. . . .

Car il est grand temps d'en faire souvenir qui l'oublie, et d'en aviser qui l'ignore : la Ligue des Patriotes n'a jamais été une association de provocateurs et d'imprudents.

Si elle a réveillé dans les cœurs le souvenir des malheurs passés et le sentiment des devoirs futurs; si elle a consciencieusement mis sous les yeux de tous les ruineuses conséquences de la défaite et les désastreux effets de la servitude; si elle a donné tous ses soins et consacré toutes ses ressources au développement de l'éducation virile de la nation, ce n'a jamais été pour jeter le pays dans les hasards de n'importe quelle expédition militaire, jamais même pour précipiter l'heure de la guerre sainte. Son premier but, officiellement atteint aujourd'hui, était de faire prononcer par d'autres que par elle cette formule sacrée à nous léguée par

Henri Martin et par Gambetta : *Libres chez nous, maîtres chez nous.*

Depuis 1880, le commencement de la sagesse pour la France n'était assurément pas la crainte du seigneur prussien. Elle avait le droit d'avoir confiance dans sa force, elle avait le devoir de n'en laisser douter personne. Que d'erreurs, que de fautes même nous auraient été épargnées par une attitude plus ferme! C'est pourquoi nous avons si frénétiquement applaudi l'autre jour aux nobles paroles du général Boulanger, pourquoi nous avons joyeusement salué en lui, chef suprême de l'armée, le premier de nos ministres qui ait publiquement parlé depuis six ans de nos droits au respect de l'Europe et à l'indépendance de la patrie. Or, depuis six ans, je n'en demandais pas plus. Il faut être debout avant de penser à se mettre en marche.

°°°

En admettant qu'à cette première aspiration, aujourd'hui réalisée, ait succédé en moi, depuis mon voyage, une autre aspiration plus haute celle-là, mais non pas irréalisable non plus, la conclusion à en tirer ne serait pas que j'ai toujours été un crieur de guerre.

Il est telle découverte faite ou telle certitude mieux formée qui modifie bien des doctrines; il est aussi telles occasions propices qui doivent changer en activité et en décision les plus sages lenteurs et les calculs les moins hasardés.

Mais j'affirme, et mes discours passés sont là pour l'attester, que, tout en maintenant le principe de notre indépendance, la justice de nos revendications de l'indiscutable nécessité de notre relèvement par les armes, j'affirme que je n'ai jamais parlé que de préparation et de vigilance, et si je dis un jour : « Sachons agir » je n'en aurai pas moins dit longtemps : « Sachons attendre ».

. . . .

. . . .

°°°

Poursuivons maintenant notre route.

Au sortir de la Grèce, j'ai repris ma direction première vers la Russie.

Quinze jours de halte en Turquie m'ont laissé le plus merveilleux souvenir pittoresque, mais la plus triste impression politique : pays sans peuple, armée sans cadres, État sans gouvernement.

. . . .

. . . .

⁂

A Odessa, où je débarquais trois jours après, c'est encore de la colonie grecque prévenue la première de mon arrivée, que je recevais la première bienvenue.

J'ai hâte d'ajouter qu'avec les Russes aussi, et en dehors de toute question de personne, ma qualité de Français m'avait singulièrement facilité toutes les formalités de l'arrivée. Du premier jour de mon entrée en Russie jusqu'à mon départ, je n'ai trouvé, je dois le dire, sur ma route, qu'une longue suite de sympathies et qu'un perpétuel redoublement de cordialité.

Il est d'enseignement allemand que les Russes sont des barbares; il est même tel de nos hommes de lettres, qui les a spirituellement qualifiés « d'Orientaux conservés dans de la glace ».

Je déclare, moi, n'avoir rencontré, en aucun pays, de nation plus polie ni plus instruite dans ses hommes du monde, plus intelligente ni plus vigoureuse dans ses hommes du peuple. Leur religiosité, qui est profonde, n'a rien du fanatisme; leur superstition est sans violence, leur ivresse même n'a pas de grossièreté. Joignez à cela la bravoure la plus résolue, la bonne humeur la plus inaltérable, et vous comprendrez le ravissant parallèle de Tchédrine entre l'enfant allemand qui a tout et qui ne rit de rien, et l'enfant russe qui n'a rien et qui rit de tout.

⁂

Mon admiration pour ce grand peuple ne va pas jusqu'à le trouver sans défaut; mais ce sont des défauts de bonne et forte race, en qui le progrès humain s'accomplira bien mieux par l'évolution des esprits que par la révolution des bras. Ils ont vraiment déjà ce qui libère les hommes : de grands écrivains et de grands penseurs.

Quant à l'autocratie contre laquelle déblatèrent tant certains de nos hommes politiques, elle a sans doute eu et elle aura sûrement encore ses abus cachés; mais quelle démocratie rendra jamais à une nation un service plus évident et plus réel que l'émancipation des serfs doublée du partage des terres! Aussi, croyez-moi, ce n'est pas par une simple tradition officielle qu'il n'est pas de maison, ni de chaumière, où le portrait béni du czar ne fasse pendant aux saintes icones.

Je coupe court, Messieurs, à ces considérations qui m'entraîneraient trop loin.

Je ne veux et ne dois, je le répète, vous entretenir aujourd'hui que de ce qui intéresse directement l'œuvre de réparation dont nous sommes, vous et moi, les fidèles ouvriers.

C'est ainsi qu'après vous avoir affirmé la profonde antipathie du Russe pour l'Allemand, je me réjouirai avec vous de l'admirable attitude, de l'exacte discipline, des remarquables manœuvres de l'innombrable armée du czar. C'est ainsi encore que je vous rapporterai le toast d'un de leurs généraux : « A la gloire des armes françaises et russes! »; toujours ainsi que je vous conterai comment, à l'heure même où les journaux allemands se vantaient que la Prusse avait obtenu mon expulsion, la presse de Pétersbourg m'offrait un banquet, dans lequel tous les verres se levaient pour porter, par-dessus la tête de l'empire du milieu, les santés de la France et de la Russie.

Je dirai plus, il n'y a pas eu de jour, pas d'entretien, pas de milieux, où le nom de notre cher et grand Gambetta ne fût prononcé avec respect toujours, souvent avec regret. De même que des Français disaient : « Nous avons perdu Skobeleff », j'ai entendu dire à des Russes : « Nous avons perdu Gambetta! »

⁂

Ah! mes amis, si je n'écoutais que le besoin d'exprimer ma reconnaissance à mes hôtes pour leur accueil, que mon désir de faire entrer dans vos cœurs mes convictions et mes espérances, avec quelle plénitude de joie, avec quel abandon de confiance, je vous parlerais longtemps et longuement de ce grand empire du Nord, dont le formidable contrepoids nous aidera tôt ou tard à remettre les peuples en paix et l'Europe en équilibre!

Sachez seulement et dites bien partout que si les hommes qui sont aujourd'hui à la tête du gouvernement de la France savent profiter des semences faites et des germes déjà levés, l'heure viendra sûrement d'une moisson de gloire et de liberté.

IX

DERNIER DISCOURS

de Paul DÉROULÈDE (décembre 1913)

A Champigny-la-Bataille, devant 10.000 personnes venues accomplir le patriotique pèlerinage annuel, le chef de la Ligue, accablé par la maladie qui devait le terrasser quelques semaines plus tard, a tenu à donner son dernier appel de clairon et à proclamer sa foi dans l'avenir de la France.

LIGUEUSES ET LIGUEURS,

Compagnes et compagnons de nos traditionnels pèlerinages de Champigny-la-Bataille, si heureux que je sois de vous retrouver ici en aussi grand nombre, et quelque douceur que j'éprouve à vous saluer et à être salué par vous en une aussi chaude et si mutuelle sympathie, ce n'est pas pour vous que j'ai fait l'effort de quitter mon lit de souffrances, ce n'est pas pour vous que j'ai violenté ma faiblesse et forcé ma santé à obéir à ma volonté.

Pour vous non plus, chers et héroïques morts des glorieuses journées de 1870, pour vous non plus je n'eusse pas trouvé nécessaire de me transporter quand même jusqu'au pied de ce monument pour y affirmer une fois de plus la fidélité de mes regrets et la persévérance de mes revendications. Vos âmes qui lisent dans mon âme n'ont pas besoin que je leur répète mon éternelle, ma constante préoccupation pour la cause sacrée de la libération nationale.

Mais il s'est passé, au cours de cette dernière année, de nombreux faits d'une importance capitale et qui méritaient bien d'être évoqués par moi devant les tombes des victimes de 1870.

Je veux parler du renouveau de la protestation de nos frères d'Alsace et de Lorraine; je veux parler des persécutions et des condamnations des patriotes de Metz et de Colmar, de Strasbourg et de Mulhouse, et enfin des indignes traitements, des basses injures, des ignobles brutalités imposées, hier même, aux recrues et aux citoyens de Saverne par les insolents hobereaux militaires de l'armée prussienne.

Ne croyez-vous pas que tous ces braves gens et tous ces gens braves méritaient bien qu'un malade secouât pour eux l'étreinte de sa maladie pour venir leur apporter publiquement l'hommage de sa gratitude? Ne croyez-vous pas qu'elle méritait bien pareille démarche et pareil effort toute notre jeunesse qui, de ce côté-ci des Vosges, a si ardemment accepté la loi de trois ans, est venue se ranger si vaillamment sous les drapeaux de la France et a eu une si juste conception, en dépit des honteuses prédications de politiciens et de lâches, des dangers que les lois allemandes faisaient courir à la patrie et du devoir que c'était pour nos fils de se ruer spontanément, généreusement, en une sorte d'enrôlement volontaire?

C'est pour ces deux groupes de jeunes héros placés de chaque côté des Vosges que j'ai tenu à venir dire non pas, hélas! de bien vive voix, mais de tout ce qui me reste de souffle, de volonté et d'énergie, que le vieux crieur de guerre accomplira sa tâche jusqu'au bout et que si, au jour de la bataille sanglante, tout comme aujourd'hui au jour de cette patriotique manifestation, il lui est encore impossible de se tenir sur ses jambes ou même de sauter sur un cheval, il a trouvé par avance, dans un sûr et fidèle ami qui l'a déjà accompagné dans d'autres rencontres, le brave Léon Dumonteil, un compagnon qui a déjà pris l'engagement de le conduire en automobile sur la ligne de feu et de prendre part avec lui et avec vous, ô mes jeunes frères d'armes! à la décisive et sainte victoire qui remettra le monde civilisé en équilibre, en replaçant la Prusse en Prusse, l'Alsace-Lorraine en

France et la France dans toute sa splendeur, dans toute son indépendance et dans toute sa gloire.

Dieu consente, Dieu veuille, Dieu fasse que rien n'arrête l'aiguille qui semble en marche vers cette heure décisive. Et, pour la liberté contre la tyrannie, pour l'égalité contre les privilèges, pour le droit contre la force,

Vive, vive à jamais notre bien aimée Patrie, la France!

LE PREMIER PRÉSIDENT
DE LA LIGUE DES PATRIOTES

HENRI MARTIN

Henri Martin, qui avait assisté à la fondation de la Ligue des Patriotes et accepté la présidence de l'Association, dont le nom exauçait un de ses plus chers désirs, mourut le 14 décembre 1883. Sa présidence à la tête de la Ligue fut particulièrement active et influente; il avait en son délégué, Paul Déroulède, une confiance absolue, le considérait comme le véritable promoteur d'une œuvre à laquelle son expérience avait apporté la meilleure des sanctions; mais il tenait à prouver que son adhésion n'avait point été un simple acte de courtoisie ou de faveur; il était présent partout, partout haranguant, applaudi, suivi. C'est au lendemain de sa mort que fut écrit l'article suivant, qui précisait, dès cette époque, le rôle que la Ligue entendait jouer dans les questions économiques.

⁂

La *Ligue des Patriotes* vient de faire une perte irréparable. L'illustre historien national, le grand homme de cœur, qui avait été son fondateur et son président, Henri Martin, est mort. Quarante heures de maladie ont abattu d'un seul coup cet infatigable vieillard que rien ne lassait, que rien n'arrêtait, et dont on pouvait dire qu'il était âgé, mais qu'il n'était pas vieux. Toute cette jeunesse qu'il avait su grouper autour de lui dans ses dernières années, l'écoutait comme un maître et le vénérait comme un aïeul. Il y avait dans sa parole une conviction pénétrante, un sentiment profond de l'honneur national et des destinées françaises. La dernière fois que nous l'avons entendu parler de la France, et où il en a parlé à cœur ouvert, c'est au banquet qui avait suivi la grande fête des gymnastes à l'Hippodrome. Avec quelle joie sereine et rayonnante il se laissait aller devant nos jeunes convives aux espérances que lui inspirait l'admirable spectacle de la journée! Avec quel respect et quelle affection nous l'écoutions tous! Et quand il disait : « Oui, la France redeviendra grande, la France redeviendra fière, elle redeviendra ce qu'elle était et ce qu'elle doit être; mais cette France que j'ai entrevue aujourd'hui dans le lointain, vous serez plus heureux, jeunes gens, vous la verrez et je ne la verrai pas »! Et quand il disait cela, nous voyions son visage si animé, son regard si clair et si brillant, que nous nous récriions contre un tel propos et nous lui attestions que, lui aussi, lui comme nous, il reverrait sa Gaule telle qu'il l'avait décrite et telle qu'il la rêvait encore.

C'est le 18 mai 1882 au gymnase Heiser, que la *Ligue des Patriotes* fut fondée et que Henri Martin en fut proclamé président.

C'est encore à une fête de cette belle *Association des gymnastes de la Seine* qu'avait été dû le mouvement d'enthousiasme qui inspira l'idée même de ce premier groupement de bons Français. C'est là, après les discours et les propositions de MM. Félix Faure, J. Sansbœuf, Paul Déroulède, Edmond Turquet, que notre cher et vénéré maître avait prononcé ces paroles qui étaient tout à la fois le programme de la *Ligue* et sa consécration :

Pris à l'improviste par le magnifique élan de patriotisme dont je suis témoin et par l'honneur que l'on me fait en m'appelant à la présidence du Comité provisoire de la Ligue des Patriotes, *je dois à la fois féliciter l'assemblée du sentiment de dévouement à la France qu'elle manifeste si énergiquement, et la remercier du fond du cœur de la sympathie qu'elle vient de me témoigner. Il est indispensable de concerter tous les efforts de tous les bons Français pour le grand but que l'on se propose : réchauffer le patriotisme et aider les jeunes patriotes qui veulent se rendre utiles à la Patrie.*

Huit jours après, le Comité définitif de la *Ligue* était organisé, la présidence en était de nouveau conférée à notre grand historien, et la *Ligue des Patriotes* se mettait à l'œuvre. Ceux qui ont fait partie de ce Comité et qui ont pris part à nos travaux savent quelles étaient dans les conseils sa sagesse d'esprit et sa fierté d'âme? « La France ne doit provoquer personne, mais elle ne doit craindre personne », disait-il souvent. Aussi rien ne l'indignait ni ne le peinait davantage que certaines concessions ou certaines prévenances internationales dont il n'admettait plus la nécessité depuis 1881.

La grande cérémonie de la distribution des drapeaux à l'armée avait eu lieu à cette date, et le vieil historien s'imaginait, comme bien d'autres, que c'était là le présage le plus net et le plus beau symbole d'une politique d'indépendance et de fierté.

Nous reproduirons encore ici l'appel adressé par Henri Martin, au nom de la *Ligue*, à tous les membres du Parlement :

Paris, le 4 août 1882.

MONSIEUR,

Le Comité directeur de la Ligue des Patriotes *nous a chargés de vous adresser ses listes d'adhésion et de souscription. Nous avons donc l'honneur de solliciter de vous, pour notre œuvre, l'aide de votre influence et l'appui de votre concours.*

C'est, en effet, beaucoup sur les membres du Parlement que nous devons compter pour la propagande de nos idées et pour l'organisation définitive de nos Ligues correspondantes dans chaque département.

Le seul but de la Ligue *est, vous le savez, d'entretenir et de développer les forces morales et les forces physiques de la nation.*

Par l'éducation militaire et patriotique, elle voudrait mettre au cœur de tous les sentiments de fierté et de bravoure qui sont la première sauvegarde de l'indépendance d'un peuple; elle voudrait donner à tous, par l'enseignement de la gymnastique et du tir, les moyens de reprendre et de garder cette indépendance; elle voudrait enfin créer entre les citoyens, par le fait seul de leur inscription sur ses listes, une véritable fédération de toutes les bonnes volontés et de toutes les énergies françaises.

Convaincue qu'il n'est pas de parti qui n'ait intérêt à voir sa nation forte et sa patrie fière et très résolue à se tenir absolument en dehors de toutes les questions de politique intérieure, la Ligue des Patriotes *fait appel, sans distinction d'opinion, à tous les représentants de la France.*

Daignez agréer, Monsieur, avec l'expression

sincère de notre espérance en vous, l'assurance de notre très parfaite et très entière considération.

Ce document fait partie de son œuvre comme il fait partie de l'histoire de la *Ligue*. Il est le second jalon de la route que nous avions suivie. Le premier de tous était un autre appel adressé personnellement par nous à tous les instituteurs de France, et nous devons dire que l'accueil fait à notre idée par ces hommes de travail et de dévouement, qui réparent depuis douze ans la France, en lui préparant des Français, a été l'un des meilleurs et des plus chaleureux que nous ayons rencontré. Nous ajouterons, d'ailleurs, que la grande Université de France tout entière s'est, soit directement soit indirectement, associée à ce mouvement; qu'il n'est pas aujourd'hui d'écoles, de collèges, de lycées ou de Facultés où l'enseignement patriotique ne soit en honneur et où le maître, jeune ou vieux soit-il, ne justifie fièrement cette devise : « Qui élève relève! »

Quant au manifeste envoyé à tous les représentants du pays, il était resté longtemps sans réponse, si l'on en excepte l'inscription immédiate d'un groupe de patriotes qui avaient presque tous Gambetta pour guide ou pour ami. Ce n'est guère que depuis ces derniers mois que des députés et des sénateurs de toutes nuances sont venus prendre place dans nos rangs, et que Henri Martin a eu cette joie toute française de voir enfin mettre en action l'épigraphe même de nos statuts : « Républicain, bonapartiste, légitimiste, orléaniste, ce ne sont là chez nous que des prénoms; c'est *Patriotes* qui est le nom de famille ».

Nous serions bien ingrats en oubliant de mentionner ici la courageuse résistance de notre cher Maître contre les pressions de toutes sortes qui le poussaient à déserter la cause de la *Ligue* au moment de ce que l'on a appelé l'affaire de la rue Saint-Marc. Il n'ignorait pas que ces prétendus gymnastes allemands que nous sommes allés troubler dans leur quiétude et au milieu de leurs chansons gallophobes n'étaient autre chose que des courtiers prussiens et des commis-placiers en hommes et en marchandises d'outre-Rhin. Et, tout en n'approuvant pas certain banquet (que nous n'approuvions pas nous-mêmes), il savait gré à ces jeunes gymnastes parisiens et à nous, non pas tant d'avoir relevé le défi d'une invitation à une fête allemande à Paris, que d'avoir hautement donné l'éveil sur l'invasion continue de la Gaule par les Germains.

L'affaire de la rue Saint-Marc est, du reste, le premier signal de cette campagne de défense et de libération économiques que nous poursuivons depuis un an et demi et à laquelle Henri Martin attachait une importance capitale. Il a même signé avec nous cette lettre destinée à tous les présidents des chambres syndicales patronales et ouvrières :

Monsieur le Président,

Le Comité Directeur de la Ligue des Patriotes *vient de créer une* Section économique *ayant pour but d'organiser la défense de l'industrie, du commerce et du travail français contre les industriels, les commerçants et les travailleurs* allemands.

Si nous attirons l'attention publique sur les agissements de cette seule nation, c'est qu'en dehors de tout ressentiment patriotique, les événements ont prouvé que, sur ce terrain-là aussi, nous n'avions pas d'adversaire plus redoutable. Armée d'un outillage presque exclusivement dirigé contre nous, très puissamment favorisée par l'article 11 du traité de Francfort, très habilement renseignée par le séjour dans nos ateliers de ses innombrables ouvriers, soutenue enfin par la liberté de la contrefaçon et par l'asservissement de la main-d'œuvre, l'Allemagne attaque, en effet, et battrait bientôt sur tous les marchés du monde nos produits et nos producteurs.

Telle est l'idée générale que nous voudrions faire connaître et expliquer aux principaux intéressés, afin d'aviser avec eux aux moyens de résister pacifiquement à cette agression permanente.

C'est pourquoi nous faisons appel à votre concours patriotique, et nous venons solliciter la faveur de nous entretenir avec vous à ce sujet, vous priant de nous admettre à l'une des réunions de votre Chambre syndicale au jour et à l'heure que vous voudrez bien nous indiquer.

Daignez agréer, Monsieur le Président, l'assurance de nos meilleurs sentiments de fraternité française.

Ce programme, accepté et appuyé des propres conseils et de la haute expérience d'Henri Martin, est resté celui de la Ligue.

LIGUE DES PATRIOTES

Fondateur : Paul DÉROULÈDE — Président : Maurice BARRÈS

SIÈGE SOCIAL :

4, Rue Sainte-Anne, 4. — PARIS (1er)
(12, Avenue de l'Opéra)

Son extension et son nouveau programme.

La Ligue des Patriotes a fidèlement accompli jusqu'ici son œuvre de défense et de revendications nationales.

Mais les événements lui ont créé de nouveaux et plus larges devoirs.

La Ligue des Patriotes, depuis sa fondation par Déroulède, a mis l'idée de Patrie au-dessus de tous les partis.

S'appuyant toujours et sans cesse sur cette idée fondamentale, elle veut, par son organisation et son recrutement, qui font appel à tous, **quelles que soient les opinions**, travailler à l'union patriotique de tous les Français, mettre en action toutes les énergies et les bonnes volontés que la guerre a suscitées, honorer les morts de la guerre, aider à reconstituer les forces de la nation. Elle fournit, dès à présent, un point de réunion aux innombrables Français qui veulent que la guerre que nous subissons régénère le pays et que les admirables qualités qu'il a montrées lui assurent, après la victoire, un esprit assez clair et une volonté assez ferme pour examiner et résoudre les multiples problèmes qui se poseront alors.

La Ligue des Patriotes a donc élargi son programme : elle a maintenant pour but :

La défense nationale et le soutien de toutes les œuvres qui peuvent la servir;

La reprise de l'Alsace et de la Lorraine et leur réintégration dans la patrie française : cette œuvre devant s'étendre jusqu'à la restauration de la tradition française dans les pays rhénans;

La réparation de tous les droits violés par la guerre;

La garantie et la sécurité de l'avenir par une paix libératrice et réparatrice;

Le relèvement moral et matériel de la Patrie pour la faire sortir plus unie et plus forte des épreuves et des ruines de la guerre;

La lutte commerciale, industrielle et financière contre les entreprises allemandes ;

La défense des intérêts sociaux, politiques et économiques français dans le pays et à l'étranger.

La Ligue pendant la guerre.

Pour accomplir cette tâche, la Ligue des Patriotes s'est d'abord préoccupée d'une quantité de questions pouvant être utiles moralement ou matériellement à l'armée. Nous nous bornerons à rappeler la campagne de son Président, au début de la guerre, pour la réorganisation du service de santé. Nous citerons l'idée que Maurice Barrès a émise et fait aboutir d'une décoration du mérite et du courage militaire. C'est à la LIGUE DES PATRIOTES que le pays doit la *Croix de Guerre.*

Le Secrétariat du Soldat. — Le Secrétariat du Soldat entretient une active correspondance avec tous ceux qui s'adressent journellement à lui, soit pour les mettre en relations avec les œuvres d'assistance créées pour la guerre et les appuyer auprès d'elles, soit pour donner tous les renseignements d'ordre militaire et juridique qui lui sont demandés. Son service des allocations, en particulier, a répondu à quantité de questions, étudié et transmis à la Commission supérieure un nombre considérable de réclamations intéressantes, dont beaucoup ont reçu un accueil favorable.

Le Tricot du Combattant. — La LIGUE DES PATRIOTES a, sous le nom de TRICOT DU COMBATTANT, organisé un service d'envois au front; ce qui peut être utile ou agréable à nos soldats : lainages, linge, chaussettes, conserves et douceurs de toutes sortes, part chaque jour à destination des tranchées, grâce à la générosité des membres de la Ligue et des lecteurs de l'*Écho de Paris.*

Les Alsaciens-Lorrains. — La LIGUE DES PATRIOTES ne pouvait se désintéresser de ceux qui, séparés de la France depuis plus de quarante ans, conservant fidèlement dans leurs cœurs leurs sentiments français, ont répondu à l'appel de la Patrie; une section des Alsaciens-Lorrains s'occupe spécialement d'aider ceux qui combattent dans nos rangs, en leur procurant des marraines ou en secourant leurs familles; elle s'efforce d'étendre son action par une œuvre plus large où tous les Alsaciens-Lorrains pourront frapper dans leur détresse.

Les Prisonniers évadés. — Enfin, une nouvelle section vient d'être créée pour s'occuper des prisonniers évadés d'Allemagne. Ces braves qui, par des prodiges d'énergie et de volonté, surmontant toutes les difficultés et tous les périls, sont revenus prendre place au front, ne méritent-ils pas que l'on s'intéresse particulièrement à eux? Ne rentrent-ils pas en France manquant de tout? La Ligue des Patriotes veut s'efforcer de les accueillir dans les premiers moments et d'attirer sur eux l'attention des pouvoirs publics et des cœurs généreux.

Dans la lutte terrible que nous traversons, chaque jour révèle de nouveaux besoins, et la liste des œuvres fondées par la Ligue n'est pas close. Elle se réserve de créer de nouveaux services dès que la nécessité lui en sera signalée.

La Ligue à l'heure de la paix.

Mais la guerre ne durera pas toujours. La Ligue des Patriotes souhaite sincèrement la paix. D'accord avec le gouvernement national et avec tous les Français dignes de ce nom, elle ne se prêtera à aucune défaillance, à aucune paix illusoire qui ne serait qu'une courte trêve. Elle veut, après tant de sacrifices, la vraie Paix, la paix calme, large et féconde, garante du droit des peuples, mère des longues sécurités, gardienne du travail, protectrice de la liberté. Cette paix s'obtiendra par l'héroïsme de notre armée, aussi par la fermeté inébranlable de notre pays, fermeté qu'il est du devoir de chacun des membres de la Ligue d'entretenir par sa propagande active.

A la paix, commenceront pour la Ligue des Patriotes de nouveaux devoirs. Il lui faudra lutter sans relâche pour *réaliser le développement et le redressement économique du pays après la guerre, pour combattre les entreprises germaniques dans le domaine agricole, commercial et industriel, artistique, littéraire et financier. C'est dès maintenant qu'il faut préparer les moyens de lutte, et l'importance de ces questions apparaît à tous ceux qui ont le souci de l'avenir.*

Un armistice a été conclu, les préliminaires de paix ont été signés, un congrès a été réuni pour traiter des conditions définitives de la paix, qui doit régler, pour une longue période, le sort des nations : la mission de la Ligue des Patriotes s'affirme.

Il ne s'agira pas seulement de tracer une nouvelle carte du monde, de rectifier les frontières, de rendre l'indépendance aux nationalités opprimées, de rétablir un nouvel équilibre européen ; les questions économiques les plus complexes, d'où dépendront la prospérité ou la ruine des peuples, seront posées. Il est essentiel qu'elles soient résolues avec compétence et que les intérêts financiers, ouvriers, industriels, commerciaux, agricoles, artistiques et sociaux de la France soient défendus avec autorité.

Il faudra donc que les groupements qui représentent ces grands intérêts, puissent faire entendre leur voix et faire connaître leurs revendications aux délégués de la France au Congrès. Isolées, leurs demandes risqueraient de demeurer inefficaces; présentées ou appuyées par une Ligue puissante, leur autorité deviendra prépondérante. Le Gouvernement lui-même trouvera dans l'appui de la LIGUE DES PATRIOTES, au cours des négociations, une force dont, à certains moments de la discussion, il peut avoir besoin.

La Ligue après la guerre.

Réformes politiques, administratives et sociales. — Au lendemain de la signature de la paix, il faudra recueillir les fruits de la victoire, rendre féconds les sacrifices consentis, réparer les ruines et restaurer les assises de l'édifice national.

Dans notre organisme politique, administratif et social, bien des lacunes sont apparues au cours de la guerre; des réformes s'imposeront. La Ligue ne saurait s'en désintéresser, elle devra employer ses forces à les faire aboutir.

Fidèle à la mission qu'elle a remplie depuis près de quarante ans, la LIGUE DES PATRIOTES s'efforcera, avant tout, d'entretenir parmi la Nation entière, et particulièrement parmi la jeunesse, l'amour de la Patrie, l'esprit de concorde et de sacrifice, le culte indéfectible du devoir et de l'honneur. La grande épopée que nous vivons fournira aux jeunes générations d'impérissables modèles. La Ligue encouragera par tous les moyens l'entraînement sportif et l'éducation militaire de la jeunesse française.

La Lutte économique et la Défense des intérêts nationaux. — Mais il importe surtout de prévoir qu'à la guerre des champs de bataille succédera, dans le monde entier, une guerre économique implacable, et l'idée dominante de tout Français doit être celle de la lutte contre l'expansion et la pénétration économiques allemandes. Il ne servirait à rien d'avoir obtenu la victoire, au prix de tant d'héroïsme, si nous devions, par imprévoyance, nous laisser écraser dans cette deuxième phase de la lutte.

Depuis longtemps, l'Allemagne a entrepris la conquête du monde, par l'organisation méthodique de son commerce et de son industrie, par sa propagande active et son infiltration dans tous les domaines littéraires et scientifiques, commerciaux et industriels, artistiques et financiers des autres nations.

Elle est entrée en guerre, croyant la victoire facile et assurée. Vaincue, elle reprendra la lutte sur le terrain économique avec d'autant plus d'âpreté et de vigueur qu'elle aura à reconquérir tout le terrain perdu.

La guerre actuelle, quelque terrible qu'elle soit par elle-même et par ses conséquences, doit donc être considérée comme un épisode de la lutte économique entreprise par l'Allemagne pour la domination du monde.

Dès maintenant, il faut que la France s'organise pour reprendre cette lutte de défense contre l'emprise germanique, aussi bien dans le pays que sur les marchés étrangers qui lui avaient été ravis.

Il faut que toutes les énergies s'unissent, que tous les groupements patronaux et les groupements ou syndicats ouvriers représentant les grands intérêts du pays coordonnent leurs efforts pour obtenir des pouvoirs publics la liberté ou l'appui nécessaires à leur défense dans le pays et à l'étranger.

Là encore, s'ils parlent isolément, ils risquent d'être mal entendus; la Ligue des Patriotes remplira la mission qu'elle se propose, en leur apportant le concours d'une organisation populaire puissante qui aura la force et les éléments nécessaires pour se faire écouter, quand elle prendra en mains la défense des grands intérêts nationaux.

Le Président,

Maurice BARRÈS.

Les Vice-Présidents,

H. GALLI, Ernest CARNOT,
GAUTHIER de CLAGNY.

La Ligue est ouverte à tous les Français et Françaises, sans distinction d'opinion, qui adhèrent à son programme et s'engagent à verser une cotisation minimum de :

1 franc pour les membres adhérents;
10 francs pour les membres titulaires;
25 francs pour les membres honoraires; cette cotisation pouvant être remplacée par un seul versement dont le maximum sera de 500 francs.

Adresser les adhésions à M. F. LE MENUET, *Administrateur Général Trésorier, 4, rue Sainte-Anne, PARIS (Ier arrondissement).*

TABLE DES MATIÈRES

BAR-LE-DUC. — IMPRIMERIE CONTANT-LAGUERRE.

LES AMBITIONS ALLEMANDES

Ce que nous deviendrions si nous étions vaincus!

D'après les documents allemands.

CE QUE VEULENT LES ALLIÉS

Le Rhin Frontière de l'Allemagne.

Pour la Paix de l'Europe.

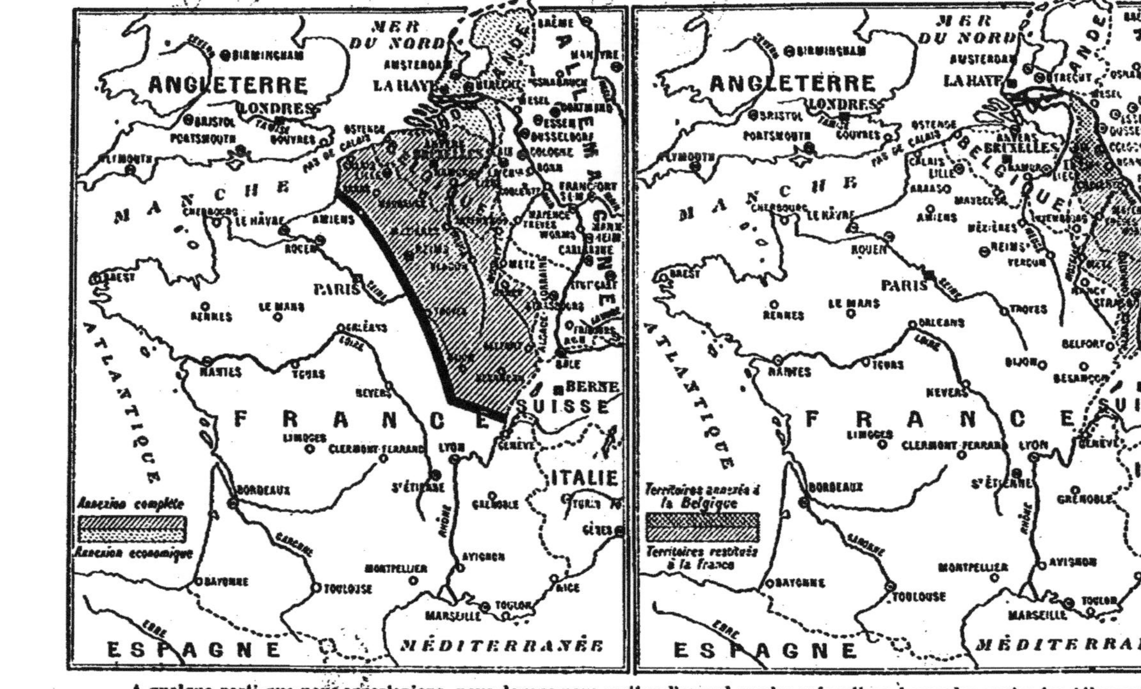

A quelque parti que nous appartenions, nous devons nous mettre d'accord sur les précautions à prendre contre les Allemands, afin que nos fils et petits-fils recueillent le fruit de ce formidable effort.

C'est un devoir pour nous vis-à-vis de notre passé historique et vis-à-vis des générations futures, dont nous devons assurer la sécurité, d'exiger pour la France ses frontières naturelles.

Méditez les **Instructions** qu'en 1793 le **Comité de Salut public** donnait à ses agents diplomatiques : **“ Les frontières de la République doivent être portées au Rhin. Ce fleuve, l'ancienne limite des Gaules, peut seul garantir la paix entre la France et l'Allemagne ”.**

Nous entendons que nos concitoyens de la Lorraine et des Ardennes cessent d'être foulés aux pieds ; que Paris soit mis à l'abri d'un coup de main ; que les Français possèdent les clefs de la maison. Du côté de l'Est, la France est ouverte à l'éternel envahisseur. Il lui faut la frontière du Rhin avec la possession de têtes de pont sur la rive droite.

Plus de souveraineté allemande sur la rive gauche du Rhin. Nous y organiserons toutes choses d'accord avec la Belgique, dont la fraternité nous est infiniment précieuse, pour que la paix fleurisse dans une Europe organisée conformément à ses traditions nationales et au droit.

MAURICE BARRÈS, *de l'Académie Française.*

Député de Paris, Président de la Ligue des Patriotes.

www.ingramcontent.com/pod-product-compliance
Ingram Content Group UK Ltd.
Pitfield, Milton Keynes, MK11 3LW, UK
UKHW021056200726
13857UKWH00003B/948

9 782012 869233